Die Stimme Von Santa Rita

**Betrachtungen über die Heilige für
das Unmögliche und für aussichtslos
erscheinende Situationen**

Virginia Rebata

DANKSAGUNGEN

Ich danke meiner geliebten Tochter, Suzannah Jean Mullen, für ihren liebevollen Beistand und ihre Begleitung bei meiner Pilgerreise nach Cascia und Roccaporena in Italien. Sie half mir zu erkennen, dass ich mehr von Santa Rita mit dem Rest der Welt teilen möchte.... und nicht nur in ihrer Rolle als Nonne, sondern auch in ihrer Rolle als Ehefrau und Mutter. Ohne die aufopfernde Pflege meiner Tochter im Jahr 2013 während vieler Krankheiten, wäre ich nicht imstande gewesen, dieses Buch zu schreiben.

Ich danke auch meiner wundervollen Verlegerin Dawn Brotherton. Ohne ihre liebevolle Unterstützung hätte das Buch nicht fertig gestellt werden können. Ich danke Christine Jocher für Ihre Übersetzung ins Deutsche.

Inhaltsverzeichnis

Danksagungen..ii

Vorwort..vi

Das Wunder der Bienen...1

Aufwachsen mit der Liebe zur Erde.................................4

Das Sakrament der Ehe annehmen.................................11

Von einer eifrigen Braut zu einer
misshandelten Ehefrau..14

Vergebung folgt auf Tragödie..19

Der größte Schmerz, den eine Mutter haben kann........24

Dem Augustinerorden auf unmöglichem Wege
beitretend...28

Frieden finden als Nonne...37

Das Leiden Christus teilen..39

Das Wunder der roten Rose
und der zwei Feigen...42

Posthume Heilung eines Zimmermanns..........................46

Posthume Erscheinung bei Joao de Deus........................48

Posthume Wunder..51

Gebete und Bitten an die Heilige Rita............................52

Novene der Katholischen Kirche.....................................54

Demütige Bitten an die Heilige Rita...............................60

Lobgesang an die Heilige Rita..66

Literaturquellen...67

Photo de Jeanne Freebody

VORWORT

Ich besuchte gerade meine Heimatstadt San Francisco im Jahre 2005, als ich so zum Spaß durch die Straßen des alten italienischen Viertels unterhalb des Coit Towers spazieren ging. Zufällig kam ich zu einem Kirchenbazar, im Keller der Kirche des Heiligen Franz von Assisi, der mich anlockte, und ich trat ein um zu sehen, welche spirituellen Schätze ich unter den religiösen Artefakten dort wohl finden würde.

An den Tischen, die voll waren mit Dingen, stieß ich auf ein kleines Bildnis einer Nonne, die an einem Altar betete und ein mächtiger strahlender Lichtschein ging von ihrer Stirn direkt zum Kruzifix von Jesus, der über dem Altar hing. Neben der Nonne lagen zwei wunderschöne rosa Rosen auf dem Boden, und sie sah aus, als wäre sie in einem Zustand der Verzückung. Ich wusste augenblicklich, dass ich diese kleine Miniatur „der unbekannten Nonne" haben musste, und ich fragte mich, wer sie wohl war. Ich nahm an, die kleine Ikone stammte wahrscheinlich aus Italien, aber ich war mir nicht sicher.

Seitdem steht das kleine Bildnis stets auf meinem Nachttisch. Es dauerte weitere drei Jahre, bis ich John of God begegnete und erfuhr, dass diese Nonne Santa Rita von Cascia war , die Heilige der unmöglichen Heilungen, und John of Gods lebenslange spirituelle Führerin und Patronin (Sie erschien ihm im Teenageralter und sagte ihm, es sei seine lebenslange Aufgabe, ein Leben in spirituellem Dienst zu führen.)

Rückblickend betrachtet denke ich, dass mich Santa Rita zu John of God und den Wesenheiten des Lichts der Casa von Dom Ignatius geführt hat, in der kleinen Stadt Abadiania in Brasilien, wo John of God seine Heilungen vollbringt. Sie war das Licht, das mich geführt hat, die meine spirituelle Mission gelenkt hat, die göttliche Liebe und die heilende Energie der Wesenheiten der Casa von Dom Ignatius mit dem Rest der Welt zu teilen. Und tatsächlich ist mir Santa Rita mehrere Male während des „Currents" erschienen, wenn die Energie der Liebe durch die Gruppenmeditation in der Casa sehr stark präsent ist. Sie hat mir auch Botschaften übermittelt durch einige meiner spirituellen Schwestern in der Casa, besonders durch Claudia Navone aus Florenz in Italien. Bei verschiedentlichen Anlässen, die der tatsächlichen Niederschrift dieses Buches vorausgingen, wurde ich darauf hingewiesen, ich sollte ein Buch über Santa Rita von Cascia schreiben, die nicht nur ein Leben als Nonne führte, sondern auch eines als Frau.

Meine Reise nach Abadiania in Brasilien in die Casa Dom Ignatius und zu John of God im Jahre 2008 führten mich persönlich zu physischer, emotionaler und spiritueller Heilung, wofür ich ewig dankbar sein werde. Das führte auch - an einem späten Zeitpunkt in meinem Leben - zu meiner Bestimmung: einem Leben als Medium, Führerin und Tochter der Casa von Dom Ignatius. Seither war ich begnadet, tausenden Menschen geholfen zu haben, größeren Frieden und Heilung auf verschiedenen Ebenen zu finden, zum einen durch die Meditationen von John of God und zum anderen durch Reisen, um John of God persönlich zu treffen.

Im Jahre 2010 hatte ich die Möglichkeit, mich selber auf eine Pilgerschaft nach Cascia in der Provinz Perugia, Umbrien, Italien zu begeben, wo Santa Rita als Nonne lebte und verstarb und nach Roccaporena, in der Nähe von Cascia, wo sie geboren wurde und als Ehefrau und Mutter lebte. Eines der Wunder um Santa Rita ist, dass ihr Körper, seit ihrem Tod 1457, nicht verwest ist. Ihr Körper liegt in einem gläsernen Sarg in der Basilika von Cascia, ohne Anzeichen einer Verwesung. Aber trotz ihres Vermächtnisses und ihrer starken Präsenz in Cascia fand ich, dass ihre süße, liebevolle Energie viel deutlicher in Roccaporena zu spüren ist. Meine Tochter, Suzannah Jean Mullen, die eine Filmemacherin ist, begleitete mich auf dieser Pilgerreise und fing Bilder mit ihrer Kamera ein, die ein unbeschreibliches Licht zeigten, das von der Statue von Santa Rita vor der Kirche von Roccaporena kam, jener Kirche, in der sie getraut wurde. Es war auf dieser Reise wo ich durch Santa Rita und auch durch meine Tochter inspiriert wurde, ein Buch über ihr Leben zu schreiben.

Du wirst, während du hier über ihr Leben liest, erfahren, dass Santa Rita bestrebt ist, jenen Frauen zu helfen, die Streit, Hader und Missbrauch erleben. Ihr Wunsch ist es, besonders jene zu trösten, die durch jedwede Art von Trauer zu gehen haben, besonders diejenigen, die den Verlust eines Kindes zu bewältigen haben. Sie möchte diejenigen aufrichten und inspirieren, die etwas mehr Bedeutung in ihr Leben bringen wollen oder die ihren jetzigen Zustand verbessern wollen - auch wenn es unmöglich erscheint. Ich und zahllose andere haben herausgefunden, alles was es braucht ist es, sich an sie zu wenden und zu ihr zu beten, und um ihre Fürsprache und ihren Beistand in dieser oder jener Sache zu bitten. Dann wird uns, von Rita veranlasst, ein gesegnetes Leben durch die Gnade Gottes zuteil.

Santa Rita ist auch bekannt als Streitschlichterin und Friedensstifterin, sie hilft all jenen, die sich befreien wollen von Ängsten in ihrem Leben und größeren Frieden erbitten wollen in ihren Familien, in ihren Gemeinden, und am allermeisten, in ihnen selbst. Die Gebete an Santa Rita im Anhang dieses Buches können dir helfen, zu ihr zu beten. Wie auch immer, sie liebt auch spontane Gebete, um sie um Hilfe zu bitten. Alles was wir tun müssen, ist zu ihr um Hilfe zu beten, zur Heiligen der unmöglichen Möglichkeiten!

Ich persönlich möchte meinen Dank an Santa Rita ausdrücken, für all ihre Liebe und Sorge um diejenigen in dieser Welt, die Missbrauch erlitten haben, die die Gräuel von Kriegen erlebt haben, schrecklichen physischen und emotionalen Schmerzen ausgesetzt waren, oder die den Verlust ihrer Kinder zu beklagen haben und die durch sie inspiriert wurden, Gott zu suchen, um Frieden und Trost zu finden. Ich bitte unseren allmächtigen, wundervollen und mildtätigen Gott und seine geliebte Santa Rita uns zu segnen mit größerem Frieden in unseren eigenen Herzen und in der gesamten Welt.

Mit Liebe und ewigem Segen an alle,

Virginia
22. Mai 2015
Gedenktag von Santa Rita

DAS WUNDER DER BIENEN

Schon Jahrhunderte bevor mich Gott zu einer Heiligen gemacht hat, begann mein Leben mit Wundern.

Eines davon hat mit Bienen zu tun. Ich erinnere mich nicht mehr an die Bienen... ich war noch ein Baby. Jedoch hat jeder in dem Dorf Roccaporena und Millionen Menschen jenseits der Grenzen Italiens, über Jahrhunderte hinweg über dieses Ereignis gesprochen, das ich einmal mit Bienen hatte... bis es zu einer Legende wurde.

Ich war ein Baby, das in einem Korb lag, als sich das Wunder der Bienen ereignete. Meine Mutter und mein Vater, Antonio und Amata Lotti, waren in die steinigen Felder gegangen, die sich oberhalb unseres Hauses in den Umbrischen Bergen befanden, um zu arbeiten. Sie dachten, sie hätten mich sicher und außer Gefahr unterhalb eines großen Baumes gelassen, dessen große ausladende Äste mich vor der Sonne beschützten. Bevor sie mich dort alleine ließen, gaben mir meine Eltern einen Kuss und hielten meine kleinen Händchen bevor sie sich verabschiedeten, um sich den Tomaten, den Zwiebeln, den Auberginen und dem Knoblauch zu widmen. Später, als ich größer war, entdeckte ich, dass sie jedes Mal Gott für die reiche Ernte dankten, die sie von der Erde in reichem Ausmaß erhielten. In der Tat, meine Eltern machten aus dieser demütigen Dankbarkeit eine Routine und haben dieses spirituelle Ritual an mich weitergegeben, allen Dingen auf der Erde ihren Dank entgegenzubringen. Ich praktiziere das nun schon solange ich mich erinnern kann, also ungefähr seit ich drei Jahre alt bin.

Bald nachdem mich meine Eltern unter dem Baum allein gelassen hatten, begann ich einzuschlafen und tief zu atmen... ein und aus durch meinen Mund. Mein Atem ging langsam und tief ein und aus. Ich atmete durch meinen Mund ein und durch meinen Mund aus. Nach einiger Zeit verfiel ich in tiefsten Schlaf. Dann kam ein großer Bienenschwarm angeflogen. Sie blieben als Gruppe eng beisammen, bewegten sich dabei in meinen Mund hinein und aus meinem Mund wieder heraus, gemeinsam mit meinem Atemrhythmus. Sie haben mich nicht angegriffen, weder einzeln noch als Gruppe. Im Gegenteil, sie erzeugten ein friedliches rhythmisches Summen während sie ein- und ausflogen.

Plötzlich kam ein Bauer vorbei, der vom Feld zu seinem Haus zurück wollte, weil er sich tief geschnitten hatte und einen Verband für seine blutende Wunde brauchte. Als er näher kam, wandte er sich in meine Richtung und sah mich tief schlafend in meinem Korb liegen... während die Bienen in und aus meinem Mund flogen! Der Bauer eilte herbei um mir zu helfen, und begann mit der verletzten Hand die Bienen von meinem Mund zu verscheuchen. Und siehe da: die Bienen flogen friedlich weg und ich blieb unversehrt. Zu seiner großen Überraschung jedoch war auch die Hand des Bauern vollständig geheilt, ohne eine Spur der blutigen Verletzung.

Wenn ich heute daran zurückdenke, sehe ich wie viele gefährliche oder sogar tödliche Dinge mir hätten passieren können. Der Herr, der voll der Gnade ist, hat mich, den Bauern und meine Eltern beschützt.

Als meine Eltern, die Lottis, kurz darauf zu mir zurückkehrten, waren sie gleichermaßen verwundert und bestürzt darüber, was passiert war. Sie machten sich schwere Vorwürfe, mich allein gelassen zu haben. Trotzdem waren sie dem Bauern überaus dankbar dafür, dass er stehengeblieben war um mir zu helfen (obwohl ich es nicht gebraucht habe). Sie schworen mich nie mehr einer Gefahr auszusetzen und schworen zu Gott, dass sie mich, sein wertvollstes Geschenk, von nun an immer beschützen werden.

Immerhin, sie versuchten schon fast 12 Jahre lang Eltern zu werden, aber was immer sie auch versuchten, es funktionierte nicht. Meine Eltern baten immer und immer wieder in ihren Gebeten um ein Kind und gaben es in Gottes großherzige Hände - bis sie eines Tages endlich erhört wurden.

Wenn ihr betet, meine Lieben, denkt daran, dass ihr in Gottes Welt immer beschützt seid. Genauso wie mich Gott vor den Bienen beschützt hat, beschützt er auch dich in der Stunde der Not. Alles was du tun musst, ist Ihn um seinen barmherzigen, mitfühlenden Schutz zu bitten und es wird geschehen!

AUFWACHSEN MIT DER LIEBE ZUR ERDE

Ich wurde 1381 geboren, exakt 100 Jahre nach St. Franz von Assisi´s Geburt. Außerdem, die Stadt Assisi ist ungefähr 100 Kilometer von Roccaporena entfernt. Aufgrund dieser Gemeinsamkeit fühlte ich immer eine göttliche Verbindung mit beiden Heiligen: Franz von Assisi und seiner Seelenverwandten in Christus, Santa Klara von Assisi.

Mein Geburtsort, Roccaporena, der beschrieben wird als „weiter Ausläufer der Felsen", befindet sich auf einem großen Berg, ungefähr sieben Meilen entfernt von Cascia, einer alten Stadt in Zentralitalien. Ich wurde am 22.Mai 1381 geboren und bald danach von meinen Eltern über die kurvenreichen Straßen von Roccaporena nach Cascia zur Taufe gebracht. Cascia liegt in der Provinz Umbrien, bekannt als „das Herz von Italien". Alle Anwesenden waren festlich gekleidet, wie es der Brauch an Feiertagen war. Dort in der Kirche von Cascia wurde ich getauft auf den Namen „Margherita", das in der Sprache der damaligen Zeit „die Perle" bedeutete. Meine Eltern sagten mir immer, dass ich ihr Juwel sei und sie mich deshalb „Perle" benannten. Aber vom Tage meiner Geburt bis heute werde ich immer nur bei der Abkürzung genannt - „Rita".

In Roccaporena gab es einen Hauptplatz an einer Kreuzung, an dem die Leute spazieren gingen und sich zum Unterhalten trafen, besonders wenn das Wetter warm und freundlich war

- was vor allem im Sommer und frühen Herbst der Fall war. Meine Mutter nahm mich regelmäßig mit auf den Hauptplatz, eingewickelt in eine Decke und gemütlich eingepackt in meinen Korb. Sie liebte es mich in diesem Korb überallhin mitzunehmen, damit ich die Welt kennenlernte.

Wie wir alle wissen, lernen Kinder ihre Werte und ihr Verhalten vor allem von ihren Eltern. Als ich aufwuchs, waren meine Eltern, Antonio und Amata Lotti (Ferri war ihr Mädchenname) liebevolle Eltern, auch bestrebt in Roccaporena und Cascia Frieden zu verbreiten. Sie waren sehr aktiv in ihrem religiösen Leben. Aus der ganzen Gegend kamen immer wieder Leute zu ihnen, wenn es einen Streit wegen Ländereien oder in Beziehungen gab. Meine Eltern hörten sich immer beide Seiten an und durch ihre gütige und einfühlsame Art ermöglichten sie oftmals den Parteien zu einer harmonischen und friedvollen Lösung zu gelangen. Auf diese Weise wurden sie bekannt als die „Friedensstifter".

Ich fühlte mich von meinen Eltern immer geliebt und seit ich ein Baby war haben sie mir immer wieder gesagt, wie sehr sie mich erwartet hatten und wie ich alle ihre Erwartungen übertraf. Sie gaben mir viel Liebe und Zuwendung und in unserem Haus herrschte immer Friede - niemand erhob je seine Stimme. Körperliche Zuwendung war auch Teil unseres täglichen Lebens. So gesehen erwarb ich ihr Talent und wurde meinerseits ein Friedensstifter in allem was ich tat.

Aus diesem Grund lernte ich mich nach Stille und Ruhe zu sehnen, während ich aufwuchs. Ich mochte es, wenn ich sah wie Menschen gut miteinander auskamen und Harmonie verbreiteten. Ich wollte wie meine Eltern werden und fühlte mich zu ihren Werten der friedlichen Haltung hingezogen. Leute sagten mir ich sei geduldig. Meine Eltern sagten mir ich sei eine gehorsame Tochter und äußerten regelmäßig, wie sehr sich mich liebten und bewunderten. Oft sagten sie: „Du bist ein Geschenk Gottes an uns."

Ich liebte es auch zu beten und mich meinen täglichen Gebeten hinzugeben. Ich konnte mir keinen Tag ohne Gespräch mit Gott vorstellen. Immer wenn ich meine Mutter nach Cascia begleitete, bat ich sie in die Kapelle des Klosters von Santa Magdalene zu gehen. Viele Male täglich betete ich, sowohl in meinem Zimmer als auch in der Kapelle der Kirche von Roccaporena. Wir gingen auch jede Woche in die Messe in die Kirche von Sankt Augustine in Cascia. Ich betete so viel, weil ich die Anwesenheit von Gott fühlte und liebte, der mir innere Stärke gab. Ich fühle mich in den Armen eines wohlwollenden Vaters, umgeben von einer Hülle der Liebe. Für mich gab es keinen besseren Platz.

Die Menschen von Roccaporena waren einzigartig und ihre Häuser lagen auf einem Berg und sahen aus wie Kristalle, die aus der Erde herausragten. Es gab eine einzige Straße in die Stadt, und die Kirche war das Hauptgebäude auf der Hauptstraße. Trotz der riesigen Felsen gab es bei jedem Haus einen Garten mit verschiedenen Blumen in den Farben weiß, blau, rosa und rot, die jedes Heim schmückten. Ich ging gewöhnlich durch den Garten unseres Hauses, um nach roten und rosa Rosen Ausschau zu halten, um an jeder einzelnen zu riechen und sie dann zu pflücken um sie in eine Vase in meinem Schlafzimmer zu stellen oder sie meiner Mutter für unsere Küche zu bringen. Es waren jene Momente, die ich als die glücklichsten meiner Kindheit in Erinnerung habe: wenn ich durch unseren Garten wandelte, die wunderbaren Farben sah und Mutter Erde für ihre Ernte und ihre Schönheit dankte.

Meine Eltern waren beide Landeigentümer und Bauern. Ihre Aufgabe war es, sich um das Land zu kümmern und das Korn oder die Früchte auf dem Markt zu verkaufen. Als ich älter wurde, lernte ich auch von meinen Eltern, wie das Land zu bestellen sei. Sie zeigten mir, wie die Saat ausgebracht und das Korn gereinigt wird und wie man sich um den Schmutz und die Pflanzen kümmern muss. Ich liebte die Landwirtschaft, weil sie mich näher zur Erde brachte und mich mit noch mehr Dankbarkeit für die vielen Segnungen und Geschenke der Erde erfüllte. Ich fühlte mich gut, wenn ich mit meinen Händen tief in der Erde wühlte und ihre Stärke spürte. Sogar die Stadt Roccaporena ermutigte zur Landwirtschaft: Gemüse und Tiere wurden regelmäßig an jene verteilt, die vorhatten, sich an der Landwirtschaft zu beteiligen. Als Einstieg für jede Familie gab es einen Ballen voll Korn, einen Gemüse- und Obstgarten, einige Schafe und Ziegen.

Als Kind lief ich allein durch die Nachbarfelder, um Gemüse oder Obst zu pflücken und sie gleich an Ort und Stelle zu verzehren! Und auch wenn ich unter Leuten in den Feldern oder in einem Garten war, ich saß und sang während ich aß.

Als ich älter wurde, nahmen mich meine Eltern immer öfter mit nach Cascia, einer größeren Stadt ungefähr sechs Kilometer entfernt von unserer Ortschaft Roccaporena. Meine Eltern gingen auf den Hauptplatz von Cascia, um ihre Früchte und ihr Gemüse zu verkaufen. Ich war immer aufgeregt, wenn wir nach Cascia gingen, weil ich wusste, dass ich jedes Mal etwas Neues erleben konnte.

Direkt neben dem Marktplatz war das Kloster der Augustinernonnen. Ich fühlte mich immer davon angezogen. Auch das Kloster hatte einen Garten voll mit Gemüse und Obst und ich konnte die Nonnen sehen, wie sie niederknieten, um sich um die Ernte zu kümmern. Ich begann, wann immer es möglich war, mich vom Verkaufsstand meiner Eltern davonzuschleichen, um den Nonnen im Garten zu helfen. Kniend mit meinen bloßen Händen zu arbeiten machte mich glücklich, weil ich wusste, dass ich eine sinnvolle Arbeit tat.

Ich begann mich mit diesen Nonnen zu treffen und mit ihnen zu reden. Sie gehörten dem Augustinerorden an - so benannt nach Sankt Augustine, dessen spirituelle Praktiken sie befolgten. Sie freuten sich über meine Hilfe und schienen meine frohe Natur zu genießen. Ich war dankbar für die liebevolle und zärtliche Zuwendung dieser Frauen und fühlte mich in ihrer Gegenwart wie zu Hause.

Die Jahre vergingen und ich kam immer öfter nach Cascia und verbrachte immer mehr Zeit in Gesellschaft der Nonnen. Es war einfach, mich hingezogen zu fühlen zu dem Frieden, welchen die Nonnen ausstrahlten, besonders während ihrer Gebete und Meditationen. Diese Friedfertigkeit wurde mehr und mehr ein Teil meines Wesens und spiegelte die Art und Weise wider, mit welcher ich von meinen Eltern aufgezogen worden war. Ich schätzte die Einfachheit des Lebens, ohne viele Kleider, Schmuck oder materielle Dinge zu besitzen. Das gab mir ein Gefühl der Freiheit und Ungebundenheit. Und ich mochte es, in Harmonie zu leben, umgeben von Personen, die freundlich miteinander sprachen, ohne ihre Stimmen zu erheben. Ich liebte die Wertschätzung, die freundlichen Umarmungen, die sich die Nonnen gegenseitig aber auch anderen zukommen ließen. Das gab mir ein Gefühl der Wärme und Sicherheit.

Ich liebte zudem die gemeinsame Arbeit für einen höheren Zweck, wie zum Beispiel hilfsbedürftige Menschen in der Gemeinschaft durch ihre Ernte zu unterstützen. Denn durch die Hilfe der Nonnen konnten auch Menschen ohne Nahrung eine gesunde Mahlzeit erhalten. Diejenigen, welche im Sterben lagen, wurden mit Essen und Pflege versorgt sowie mit spirituellem Trost in ihrer letzten Stunde.

Je mehr Zeit ich mit den Nonnen verbrachte, desto mehr wurde mir - tief in meinem Herzen - bewusst, dass auch ich eine Nonne werden wollte.

Das wird mein Ruf sein, wenn ich erwachsen bin, dachte ich. Ich will ein Diener Gottes sein, meines Schöpfers. Das ist es, was ich machen muss.

Ich bin aufgewachsen, liebte und bewunderte den friedlichen und liebevollen Lebensstil der Augustinernonnen und wollte mehr als alles andere mich ihnen anschließen und eine pflichtbewusste und gehorsame Tochter des Schöpfers werden. Das war es, was mein Herz sich wünschte und wonach es sich am meisten sehnte. Ich liebte es, mit ihnen im Garten zu sein, die Rosen zu riechen und mit ihnen über Jesus und seine Lehren zu sprechen. Ich liebte es, mich um den Garten zu kümmern und frisches Gemüse und Früchte zu ernten, um sie anschließend zu kochen. Und mein Leben fühlte sich bedeutungsvoll an, wenn ich den bedürftigen Menschen von Cascia helfen konnte, die nicht genug zu essen hatten oder die keine Kleidung hatten, um sich vor dem kalten Winter zu schützen. Diese Art von Arbeit war eine Ehre für mich. Eine Gemüsesuppe für die Hungrigen zu bereiten erfüllte mich mit tiefer Zufriedenheit und ich bat jedes Mal Gott Vater, die Suppe zu segnen, damit jeder, der diese Suppe aß geheilt und gesegnet werde.

Meine Lieben, die ihr auf und von dieser Erde lebt, vergesst nicht, für eure Mutter Erde zu beten. Sie ist die gebende, großzügige Mutter, die ihre Kinder mit Nahrung versorgt. Vergesst nicht, ihr zu danken und sie Wert zu schätzen.

DAS SAKRAMENT DER EHE ANNEHMEN

Ich war zwölf Jahre alt, als mir meine Eltern sagten, sie dachten, es wäre besser, wenn ich keine Nonne werde. Ihrer Ansicht nach war das Kloster nicht sicher, und sie hielten es für möglich, dass kriegerische Männern das Kloster jederzeit stürmen könnten, um Essen zu verlangen und sogar den Nonnen etwas anzutun. Meine Eltern hatten Sorgen und Ängste um mich. Sie teilten ihre Erfahrungen als Friedensstifter und erzählten mir aus erster Hand von den schrecklichen Kämpfen und Konflikten, die im Land unter dem Namen von Macht und Gier herrschten.

Es war eine Zeit von fortwährenden Auseinandersetzungen in der Bevölkerung und einem ständigen Kriegszustand, bei dem junge Männer ihre Rüstung anzogen, angetrieben vom Wunsch nach Macht und Reichtum, um sich aufzumachen in nahegelegene Städte und Dörfer, oder manchmal sogar um mit ihren eigenen Nachbarn zu kämpfen. Cascia war keine Ausnahme, weil auch sie eine ständige Fehde mit der größeren Stadt Perugia hatte - bewaffnete Konflikte zwischen den Einwohnern beider Städte waren an der Tagesordnung. Viele solcher selbsternannten Soldaten zerstörten auch Gebäude und Kirchen. Der Ruf nach „Vendetta" oder „Rache" war die zu jener Zeit allgemein übliche Art Herausforderungen und Konflikte zu lösen. Diese Verpflichtung der Familie gegenüber bürdete vielen eine schwere Last auf, manche riskierten im Namen der Ehre als Strafe das Exil oder sogar die Todesstrafe.

Meine Eltern wollten mit zunehmendem Alter keinesfalls diese Welt verlassen, ohne mich in Sicherheit zu wissen. Aus diesem Grund arrangierten sie für mich eine Ehe. Weil ich wusste, dass sie immer das Beste für mich wollten, akzeptierte ich, dass sie für mich Paolo Mancini als Ehemann ausgesucht hatten - einen jungen Mann, der aus einer guten Familie aus Roccaporena stammte, mit dem Familienoberhaupt Ferdinand Mancini. Paolo war ein Turmwächter, der Roccaporena vor benachbarten Soldaten und feindlichen Männern beschützte. Er war kräftig und wusste mit Pfeil und Bogen umzugehen. Zudem war er ansehnlich mit strahlend blauen Augen und dunklem Haar. Als ich ihn zum ersten Mal traf war augenscheinlich, dass Lebendigkeit und Lachen ein Teil seiner Persönlichkeit war. Und obwohl er als gelegentlich „dickköpfig" bekannt war, machte mir das keine Sorgen, weil ich dachte, meine friedvolle, ruhige Art würde ihn mit der Zeit ändern.

Beide unsere Eltern fanden, dass wir ein gutes Paar abgeben würden. Paolos Eltern meinten, mein freundliches, gutmütiges Wesen wäre ein guter Ausgleich für Paolo. Meine Eltern dachten, Paolos körperliche Stärke und Kampferfahrung würden mich beschützen und mich vor Schaden bewahren.

Paolo war achtzehn und ich war zwölf Jahre alt, als wir einander versprochen wurden, aber wir mussten noch einige Jahre bis zur Hochzeit warten. Nachdem ich mich zu diesem Lebensabschnitt bekannt hatte, begann ich, mich mehr und mehr mit Paolo verbunden zu fühlen. Ich war sogar erfreut, seine Frau werden zu dürfen.

Als ich vierzehn Jahre alt war, heirateten wir in der Kirche Sankt Montano in Roccaporena im Jahre 1395. Vor der eigentlichen Hochzeit gab es verschiedene zeremonielle Traditionen, wie sie zu jener Zeit üblich waren. Zuerst schickte Paolo drei Frauen mit dem Hochzeitskleid und dem Gürtel in mein Heim. Einige Tage später schickte er drei Männer mit eleganten Kleidern und Schmuck als Mitgiftgeschenk. Schlussendlich wurde meine Hochzeit in der Tracht der damaligen Zeit mit zehn Männern und zehn Frauen zelebriert.

Jedenfalls musste Paolo, gemäß der religiösen Tradition, warten, bis ich sechzehn Jahre alt war, bevor die Ehe vollzogen werden konnte und ich mit ihm und seiner Familie leben durfte. Genau zwei Jahre später erschien Paolo an meiner Tür, begleitet von unzähligen Männern. Dann begleiteten sie mich zu meinem neuen Heim. Ich nahm meine Garderobe, Küchenutensilien und notwendige Gegenstände mit und begann mein neues Leben mit Paolo und seiner Familie in Roccaporena.

Meine Lieben, die Verbindung von Mann und Frau ist ein schönes und wichtiges Ereignis im Leben. Man verbindet sich, um eine Familie zu gründen und Kinder zu zeugen, wenn das deine Bestimmung ist. Man kommt zusammen, um Gott gemeinsam zu preisen und zu danken. Man kommt zusammen, um spirituell zu wachsen und Lektionen gemeinsam zu lernen. Wende dich an mich, um deine Verbindung zu segnen und um dir zu helfen, zu wachsen und voneinander zu lernen, gemäß dem Willen des Herrn.

VON EINER EIFRIGEN BRAUT ZU EINER MISSHANDELTEN EHEFRAU

Ich sah meiner Verbindung mit Paolo mit großer Vorfreude entgegen, ich malte mir eine liebevolle und friedliche Beziehung aus. Während ich vier Jahre darauf warten musste, mit Paolo unter demselben Dach zu leben, wurde ich, je mehr die Zeit verging, immer freudiger im Hinblick auf unser Zusammenleben als Mann und Frau.

Was mich im Hinblick auf den körperlichen Kontakt mit meinem Ehemann zuversichtlich stimmte, war der Ausblick auf nicht nur ein, sondern eine Vielzahl von Kindern. Die Vorstellung eigene Kinder zu haben und sie aufzuziehen, machte es für mich erträglicher, der Ehe zuzustimmen. Ich sah mit Freude dem Tag entgegen, an dem eigene Kinder in mein Leben treten würden. Ich malte mir aus, wie sie - eine Kombination von uns beiden - wohl aussehen mochten. Ich stellte mir vor, wie sie auf dem Boden spielten, wie ich sie zu Spaziergängen in den Park beim Hauptplatz nehmen würde, wie ich sie halten und umarmen würde und wie ich sie abends mit Gebeten und Liedern ins Bett bringen würde.

Endlich, zwei kleine Engel, wunderschöne Zwillingssöhne, wurden geboren und erfüllten uns beide mit großer Freude. Wir nannten unsere Söhne Giangiacomo und Paolo Maria. Sie wurden getauft in der Kirche Santa Maria della Plebe in Cascia, und beide erfüllten alle meine Erwartungen (und darüber hinaus). Ihr pausbäckiges Lächeln wärmte meine Seele. Sie aufwachsen zu sehen, wie sie krabbelten, sie lachen zu sehen, während sie verschiedene Geschmacksrichtungen von Essen entdeckten, sie in meinen Armen langsam einschlafen zu sehen - alles bei meinen Söhnen bereitete mir Freude. Sie erfüllten meine Erwartung und die Erwartung an meine Ehe.

Was mir nicht auffiel, als ich Paolo heiratete, war, dass er keinen Glauben an Gott hatte und aus diesem Grund fühlte ich mich getäuscht. Vor unserer Ehe, während unserer Verlobung, gingen wir zur Messe in Roccaporena und Cascia. Paolo erschien mir in dieser Zeit immer fromm, er neigte sein Haupt, las Teile der Bibel und sang bei den Liedern in der Messe mit. Wegen seines Enthusiasmus zur Kirche zu gehen, war ich sicher, dass er Glauben an Gott und die Lehren Jesus Christus hatte. Diese Zuversicht machte mich glücklich und sicher in den Händen jenes Mannes, den meine Eltern für mich ausgesucht hatten.

Aber mein Leben mit Paolo änderte sich, langsam aber sicher, zum Schlechten. Seine Reizbarkeit griff immer mehr um sich. Er war immer schon aufbrausend gewesen, was auch zu Wutanfällen führte, aber das Ausmaß seiner Wut wurde immer größer. Paolo begann immer später zum Abendessen nach Hause zu kommen, und als er dann nach Hause kam roch sein Atem jedes Mal nach Alkohol. Allmählich wurden seine übelriechende Haut und sein Ärger schlimmer und schlimmer. Er geriet wegen allem in Zorn: das Abendessen, wie ich das Essen servierte, wie ich das Haus schmückte, wie ich mich kleidete, wie ich meine Haare trug. Nichts passte ihm und alles verärgerte ihn! Wenn er nach Hause kam, begann er alsbald sich lauthals schreiend über die kämpferischen Fraktionen zu beschweren, die Cascia und Roccaporena mit dem Übergriff bedrohten. Seiner Meinung nach waren die Männer von Perugia die schlimmsten aller Krieger. Er tobte, dass diese Männer nicht einmal wüssten, wie man mit Waffen umzugehen habe. Er beschwerte sich über die Qualität ihrer Waffen und über ihre Dummheit. Er hatte nichts anderes als Verachtung und blanken Hass übrig für die Männer die versuchten, Roccaporena und Cascia zu besetzen. Ich fühlte mich während dieser Tobsuchtsanfälle hilflos und konnte nichts anderes tun als still zu beten für Frieden und die Heilung von Paolos Zorn und seiner Alkoholabhängigkeit.

Es war mein Glaube, der mir in dieser Zeit Halt gab. Es war Gott, der meinem Herzen und meiner Seele inneren Frieden schenkte. Ich bat auch um die Stärke und die Möglichkeit meinem Ehemann helfen zu können.

Sechs Jahrhunderte später sehe ich weltweit noch immer in alarmierender Zahl Frauen und Männer, die ehelicher Misshandlung und Gewalt ausgesetzt sind. Obwohl Frauen bei weitem das häufigere Opfer sind von körperlicher, sexueller und emotionaler Gewalt, sind auch Männer in der heutigen Zeit davon betroffen.

Alle Frauen oder Personen, die sich in einer Beziehung befinden, in der sie misshandelt werden, fragen sich, wie es dazu hat kommen können. Sie fragen sich: *Wie ist es passiert? Was habe ich gemacht, dass es so weit gekommen ist? Was mache ich jetzt? Wie komme ich aus dieser Beziehung heraus, ohne meinen Kindern zu schaden? Wie kann ich meine Kinder beschützen? Wie komme ich lebend hier wieder heraus? Ist es meine Schuld? Was hätte ich anders machen können? Wird er oder sie wieder aufhören damit? Kann sich die Situation wieder verbessern? Soll ich bleiben oder soll ich gehen? Wenn ich gehe, wohin soll ich gehen?*

Wir haben meist so viele Fragen wenn wir den Zeitpunkt erreicht haben, an dem uns klar wird, dass wir Hilfe benötigen. Deshalb appelliere ich an dich, dich an mich zu wenden, wenn du Hilfe brauchst, weil du dich in einer solchen Situation befindest. Ich werde für dich fürsprechen bei Gott dem Vater und werde ihn bitten dir zu helfen. Es gibt viele, viele Anlaufstellen für Frauen und Kinder, die verbaler Misshandlung und/oder physischer Gewalt in ihrem Heim ausgesetzt sind. Ich werde dir helfen zu einer solchen zu finden, damit du Schutz, Zuflucht und Friede, sowie ein neues Leben finden kannst. Wenn das dann geschehen ist, werde ich dir helfen, größeren Frieden durch Vergebung zu finden. Wenn wir uns erst mal örtlich von dem Problem distanziert haben, müssen wir an der Vergebung aus der Distanz arbeiten. Das bedeutet natürlich nicht, dass wir wieder in die misshandelnde Umgebung zurückkehren, aber wir finden dauerhaften Frieden erst durch Verzeihen (dem Täter und uns selbst gegenüber). Es gibt eine steigende Zahl von hilfreichen Anlaufstellen für Opfer von Misshandlungen (öffentliche sowie auch private), aber ich glaube, es gibt immer noch die gleiche Kernlösung, die ich schon vor Jahrhunderten als meinen „Ausweg" aus Schmerz und Herzweh gefunden habe. Meine Lösung war Gott zu suchen. Mit Gott ist alles was unmöglich scheint, möglich. Den Glauben zu haben, dass sich alles so entwickeln wird, wie es das Beste für alle ist: DAS ist wesentlich. Wenn Glauben und Gebet einfließen in eine schwierige Situation, so ändert sich diese Situation in eine erträgliche. Und mit fortdauerndem Glauben, Gebet, Selbstanalyse und dem Willen, Gottes Führung zu folgen, können wir einen Weg zu einem sicheren Leben, einem friedlichen Leben, einem neuen Leben finden.

Es ist wichtig zurückzuschauen, auf die uns misshandelnde Situation und unseren Anteil darin einzuschätzen. Was war unsere Rolle? Hätte ich psychologische oder therapeutische Hilfe in Anspruch nehmen können? Hätte ich meinen Kindern einen größeren Schutz bieten können?

Durch Gottes Hilfe werden wir frei. Durch ihn erhalten wir einen Ausweg. Wir sind beschützt.

Meine Lieben, sprecht mit mir. Wendet euch an mich, Santa Rita von Cascia. Ich werde euch helfen. Ich werde bei euch sein in der Zeit eurer Not. Ich werde mich in eurem Namen bei Gott dem Vater einsetzen, unserem mitleidvollen und großherzigen Schöpfer, für eure Sicherheit, eurem Schutz und eurem Wohlbefinden beten, sowie das eurer Kinder und eurer Lieben.

VERGEBUNG FOLGT AUF TRAGÖDIE

Während ich aufwuchs waren meine Eltern meine emotionale Stütze. Ich erfuhr von ihnen immer bedingungslose Liebe, dass ich annahm, nichts konnte mir je passieren, weil sie mir immerwährenden Schutz gaben. Sie lehrten mich außerdem, großen Glauben in Gott zu haben, das mir, je älter ich wurde, einen zusätzlichen Schutz vor Schaden bot. Zudem gaben sie mir das Geschenk Frieden zu erleben und zu schätzen, selber eine Friedensstifterin zu sein und eine starke persönliche Stabilität, Frieden und Ruhe in meinem Leben zu entwickeln.

Kurz nach meiner Hochzeit mit Paolo verstarben meine beiden Eltern. Meine Mutter starb als Erste, mein Vater folgte ihr zwei Monate später. Ich war wie betäubt über ihr Ableben. Von Trauer überwältigt war ich unfähig mir vorzustellen, sie nie wieder sehen zu können. Zudem war ich überaus traurig darüber, dass sie niemals meine Kinder auf die Welt kommen sehen würden. Mein Herz war gebrochen - ich konnte den Schmerz förmlich körperlich spüren. Und ich weinte häufig, manchmal still und leise und manchmal laut schluchzend.

Einige Zeit lang suchte ich unbewusst nach meiner Mutter in unserer Küche, wo sie mir regelmäßig half, das Gemüse für die Suppe zu schneiden. Ich suchte nach meinem Vater an unserem Esstisch, darauf wartend, dass er das Gebet vor der Mahlzeit sprechen würde. (Er betete so fromm und in Dankbarkeit zum Schöpfer, dass er vor Beginn des

Abendessens unser Herz mit Wärme füllte). Alles in allem, ein Leben ohne sie erschien unmöglich.

Allmählich jedoch stellte ich mich der Tatsache ihrer Abwesenheit. Ich wandte mich an Gott und bat darum, dass er sich ihrer Seelen annahm. Ich muss sagen ich hatte die Gewissheit, dass sie glücklich, friedlich und zufrieden in den Armen Gottes waren. Und in den Momenten, in denen ich ihren Frieden fühlte, erlangte auch mein Herz und meine Seele Ruhe. Irgendwann wusste ich im Grunde meines Wesens, dass alles gut mit ihnen war und dass sie mir aus der spirituellen Welt heraus helfen würden auf meine beiden Söhne achtzugeben.

Während die Jahre vergingen, in denen meine Söhne aufwuchsen und ich mich um sie und das Haus kümmerte, versuchte ich mit all der Traurigkeit zurechtzukommen, mit einem Ehemann zu leben, der aufbrausend mir gegenüber war, Gegenstände nach mir warf und mir vernichtende und schmerzvolle Worte an den Kopf warf.

Während und nach solchen Ausbrüchen wandte ich mich an Gott, bat ihn um Frieden für Paolo und für mich selber. Da sich die Attacken von Paolo nur gegen mich und nicht gegen unsere Söhne richteten, war ich Gott dankbar, dass meine Söhne verschont blieben. Obwohl sie Zeugen der Ausbrüche ihres Vaters gegen mich waren, blieben wenigstens sie selber davon verschont. Für mich war das ein Segen. Mein Herz hätte noch mehr gelitten wenn diese Ausbrüche gegen uns drei gerichtet gewesen wären.

Bald jedoch traf unser Heim noch mehr Unheil.

Es war 1413, ein Tag wie jeder andere. Ich fand es nicht ungewöhnlich, dass Paolo später von der Arbeit nach Hause kam. Aber je mehr Zeit verging und es schon spät nachts war, wurde ich doch besorgt, weil Paolo nicht zurückkam. Und dann kamen Männer zu unserem Haus, die mir die Nachricht von Paolos Tod brachten. Mein Herz war fassungslos, besonders als sie mir erzählten, dass er ermordet worden war. Trotz seines schwierigen Charakters liebte ich ihn als meinen Ehemann. Ich konnte mir ein Leben ohne ihn nicht vorstellen und ich hatte Mühe zu glauben, was ich da hörte. Sie sagten, Paolo sei unter dem Turm von Collegiacone, in dem er gearbeitet hatte, gefunden worden. Sein Körper sei mit unzähligen Messerstichen übersät gewesen. Ohne mehr zu sagen, gingen die Männer wieder und ließen mich in Schock über diese schreckliche Nachricht zurück.

Als ich den anfänglichen Schock überwunden hatte, nahm ich meinen Mantel und auch meine Söhne, die sofort sagten, sie müssten mit mir kommen und wir gingen hinaus in die Nacht um Paolo zu finden. Es war kein langer Weg zum Turm und als wir näher kamen, sahen wir schon den blutüberströmten Körper von Paolo auf dem Boden liegen. Ich wusste sofort, dieser Mord war zurückzuführen auf den Zwist zwischen der Mancini Familie und einer weiteren verfeindeten Familie aus Roccaporena, den Ciccis.

Als ich Paolo so liegen sah, fiel ich auf meine Knie und betete für seine Seele, bat Gott ihn aufzunehmen in sein Königreich und ihm Frieden zu geben nach solch einem gewalttätigen und schrecklichen Ende. Ich bat auch Jesus ihn aufzunehmen und seine Seele zu geleiten, während er in die geistige Welt hinüberwechselte. Ich wusste, sowohl in großen als auch in kleinen Dingen war Jesus der sichere Weg zu Freiheit der Seele und zu Frieden.

Als einige Männer auftauchten um Paolos Körper zu unserem Haus zu tragen, zeigten meine Söhne und ich ihnen den Weg und wir weinten während des ganzen Weges heftig.

Ich wusste, ich musste mich auf die Vergebung für Paolos Mörder konzentrieren. Ich betete zu Jesus Christus mir zu helfen einen Weg zu finden, heraus aus diesem entsetzlichen Konflikt hin zu Frieden. Früh am nächsten Morgen dachte ich so bei mir: *Welche Ironie, dass meine Eltern mich mit einem Mann verheiraten wollten, der mich beschützen sollte, selber am Ende aber schutzlos war und eines gewaltsamen Todes starb.*

Tief in meinem Herzen bezog ich Stärke aus dem Tod von Jesus Christus. Ich bat Jesus um die Erlösung der Seele meines Ehemannes und um Trost für meinen eigenen Kummer. Ich bat in Gebeten um die Stärke und die Möglichkeit Frieden mit seinen Mördern zu schließen. Ich wurde von vielen, auch von meinen Söhnen, als „schwache Frau" angesehen - wegen meines Wunsches auf Frieden. Aber ich wusste, dass Friede der einzige Weg war, um meine christliche Tugend und meinen Glauben zu leben. Sobald ich konnte, ging ich also zu der Familie, von der ich annahm, dass sie verantwortlich war für Paolos Tod, um mit ihnen über Vergebung zu sprechen. Als ich ankam, wusste ich instinktiv, dass sie diejenigen waren, die Paolo getötet hatten. Ich wusste es, als sie mich mit großer Angst ansahen. Aber sie waren überrascht, als ich ihnen sagte, ich sei in Frieden gekommen und sie im Namen von Jesus Christus bat, die Gewalt und allen Groll zu beenden.

Die Familie dankte mir für die Freundlichkeit und ich wusste in meinem Herzen, dass sie mir ernsthaft zugehört hatten.... UND dass sie berührt waren von der Kraft meiner Vergebung.

Eine der machtvollsten und heilsamsten Dinge, meine Lieben, die ihr in eurem Leben machen könnt, ist zu verzeihen. Die Vergebung ist das größte Geschenk, das ihr euch selber geben könnt, weil sie euch befreit von Ärger, Schuldgefühlen, Zorn und geistiger Krankheit. Das ist die tiefste Botschaft, die uns Jesus Christus gelehrt hat. Und wenn ihr Geduld, Mitgefühl und Toleranz praktiziert indem ihr anderen verzeiht, ergießt ihr Liebe in die Menschen und in den Kosmos. Das Ergebnis ist Selbstheilung und Heilung der anderen.

DER GRÖSSTE SCHMERZ, DEN EINE MUTTER HABEN KANN

Verständlicherweise waren meine Söhne erschüttert vom Verlust ihres Vaters. Obwohl er so oft gegen mich gewütet hatte, zeigte er unseren Söhnen gegenüber erstaunliche Zurückhaltung. Er war so stolz auf sie und sie wiederum dankten es ihm, indem sie ihren starken, extrovertierten und maskulinen Vater ehrten. Daher forderten sie nach Paolos Tod sofortige Rache im Namen ihres Vaters im Himmel und im Namen von Jesus Christus und sie wollten die Mörder ihres Vaters töten. Da sie selber noch Teenager waren, war ihre Reaktion auf den gewaltsamen Tod ihres Vaters nicht überraschend, zeigte es zudem das kämpferische Klima dieser Zeit. Beide Jungen begannen die Familie und Freunde zu befragen, wer der Mörder ihres Vaters sein könnte. Sie hatten besonders eine Familie im Auge, die immer schon eine Fehde mit der Mancini Familie hatte. Meine Söhne begannen in derselben Weise wie ihr Vater zu toben, sie schrien, dass die Schuldigen einen qualvollen Tod sterben würden und ihr Blut durch die Straßen von Roccaporena fließen werde.

Je mehr sie ihre rachsüchtigen Pläne in unserem Haus schmiedeten, desto schwerer und schwerer wurde mein Herz. Für mich war Mord die schlimmste Sünde überhaupt. Ich bin der Meinung, dass ausschließlich unser Vater im Himmel das Recht hat ein Leben zu nehmen. Es war für mich unerträglich, dass meine Söhne selber zu Mördern werden könnten, an denen Blut klebte, sowohl an ihren Händen als auch an ihren Seelen. Und ich war besorgt, dass sie selber getötet würden, wenn sie versuchten zu töten. In dem Maße, in dem sich mein Herz betrübte, bekam ich beunruhigende Schmerzen im meiner Brust. Je mehr sich die Qualen meines Herzens mehrten, desto mehr fühlte sich das Atmen an als würde ich nach Luft schnappen müssen, als würde meine Kehle zugeschnürt werden. Ich suchte in meiner verzweifelten Seele nach Frieden. Ich betete inständig zu Gott, er möge eher das Leben meiner Söhne nehmen als ihnen erlauben zu Mördern zu werden. Ich bat ihn, sie bitte davon abzuhalten, den Tod ihres Vaters rächen zu wollen und denjenigen Schaden zuzufügen, die selber Schaden verursacht hatten. Ich betete um Vergebung und um Frieden für alle.

Und dann ereignete sich eine schreckliche Tragödie, die ich am wenigsten erwartet hatte: meine beiden Söhne erkrankten schwer an einer Krankheit, die zu dieser Zeit im Lande wütete. Die Symptome waren hohes Fieber, ständige Übelkeit und Dehydrierung. Ziemlich schnell wurden sie in ein Gebäude am Ende der Stadt gebracht, wo sie mit anderen Menschen, die die gleiche Krankheit hatten, um ihr Leben kämpften. Jeder von ihnen hatte extrem hohes Fieber und erbrach ständig schleimiges Inneres, bis nichts mehr in ihnen war.

Ich ging zu dem Gebäude, um an ihrer Seite zu sitzen, bat Gott, sie bitte zu heilen, zu segnen und sie mir nicht weg zu nehmen. Plötzlich rief meine Seele aus reiner Verzweiflung: „Ich kann meinen eigenen Tod ertragen, den Tod meines Ehemanns und den Tod meiner Eltern, aber ich kann den Tod meiner eigenen Söhne nicht ertragen! Bitte, Vater, bitte, bitte heile meine Söhne von dieser schrecklichen Krankheit!"

Ich betete um meine eigene Kraft, Tag und Nacht, und ich betete um Kraft für die Seele meiner Söhne. Ich betete, dass sich meine vormaligen Wünsche an den Vater, in denen ich ihn bat, sie eher zu sich zu nehmen als sie zu Mördern werden zu lassen, nicht erfüllten. Ich sah nun, dass ICH diejenige war, die Blut an den Händen hatte. Auf meinen Knien bat ich Gott inständig, mir bitte zu verzeihen. Ich fühlte mich selbst in meiner Seele und in meinem Herzen aus Kummer und Traurigkeit verloren.

Und dann war plötzlich alles vorbei. Meine Söhne waren tot. Ich fühlte mich wie gelähmt und mein weit aufgerissenes Herz fiel in ein tiefes, dunkles Loch. Ich weinte und weinte und weinte ohne Unterbrechung und ohne Trost. Der Schmerz und die Trauer in meinem Herzen waren größer als ich es mir jemals hatte vorstellen können. Ich beschwor Gott in Gebeten mich bitte von diesem heftigen, nicht auszuhaltenden Schmerz zu befreien. Jedoch wusste ich auch, dass ich erst diese Qualen aushalten musste, sie fühlen musste, bevor ich mich wieder langsam von ihnen befreien konnte. Also versank ich in unaussprechlichen Kummer ohne jemanden an meiner Seite, der mir Trost hätte spenden können.

Allmählich, als die Tage, die Monate und die Jahre vorbei gingen, heilte Gott in seiner unendlichen Güte und seinem unerschöpflichen Mitgefühl meinen Kummer. Es verging kein Tag an dem ich nicht zu Gott betete. Schließlich wich die Dunkelheit und meine Herzschmerzen wurden weniger. Und dann geschah das Wunder der Wunder, ich fühlte Freude, weil meine Söhne im Himmel bei unserem Vater waren! Ich fühlte, dass ihre Seelen nun fröhlich waren, nun frei waren und bei den Engeln, bei Jesus Christus, unserer gesegneten Mutter Maria und unter dem Schutz und der Liebe unseres ewigen, unendlichen Vaters, den Schöpfer, Gott.

Meine Lieben, durch den Glauben an unseren Vater im Himmel und den Glauben, dass die geistige Welt eine Welt von größerem Frieden und Freude ist, kann unser Kummer beim Verlust eines geliebten Menschen überwunden werden. Erst wenn wir verstanden haben, dass die geliebten Menschen in einer größeren und höheren Ebene des Seins sind, können wir uns befreien von dem Verlust und der Traurigkeit und glücklich sein für sie. Wenn wir den Glauben haben, dass wir nach unserem eigenen Übergang wieder mit ihnen vereint sein werden, wird die Traurigkeit vermindert. Und wenn wir ständig daran glauben, dass sie näher bei Gott sind, kann aller Kummer vergehen und unsere Herzen können sich zu größerer Leichtigkeit und Heiterkeit entwickeln.

DEM AUGUSTINERORDEN AUF UNMÖGLICHEM WEGE BEITRETEND

Nachdem Paolo und meine Kinder starben, war ich lange Zeit in Trauer. Ich akzeptierte das Handeln Gottes mit mir zu machen, was Er für das Beste hielt. Ich ging regelmäßig zur Messe, und betete inständig für Paolo und meine Söhne. In der Tat, manchmal vermisste ich meine Söhne so sehr, dass ich nicht wusste, was ich mit mir anfangen sollte. Wie auch immer, ich fand einen Platz des Friedens in „Scoglio", einem der felsigsten Gipfel von Roccaporena. Dieser hohe Berggipfel gab mir durch seine Höhe das Gefühl im Himmel zu sein, und er wurde meine Zufluchtsstätte und mein Platz des Friedens. Hier betete ich nach Herzenslust und verbrachte viele Stunden täglich im Gebet und im Nachdenken. Ich bat Gott alle Gefühle von Selbstmitleid, Niedergeschlagenheit, tiefer Traurigkeit und Verzweiflung von mir zu nehmen. Ich bat ihn außerdem diese Gefühle zu ersetzen mit Liebe, Barmherzigkeit, Hoffnung, Glück und Frieden. Täglich übergab ich ihm die gebrochenen Teile meines Herzens, damit er sie wieder zusammenfügen möge in ein ganzes Herz voll mit Liebe für andere... ein geheiltes Herz, das im Dienst für all seine anderen Kinder stehen konnte.

Ich fühlte und wusste, der einzige Weg meine Wehmut zu überwinden war für andere da zu sein, daher begann ich in der örtlichen Herberge zu arbeiten, mich um Fremde und Reisende zu kümmern, die nach Roccaporena gekommen waren auf der Suche nach Unterkunft, Essen und Gastfreundlichkeit. Diese Arbeit verschaffte mir Befriedigung, besonders nachdem ich meine Kinder verloren hatte. Jungen Männern zu helfen, die vom Weg abgekommen waren oder ihr Geld für Essen und Unterkunft verloren hatten, war zutiefst befriedigend. Es erweckte meinen Geist wieder, ihnen zu helfen, weil ich mir vorstellte, es wären meine eigenen Söhne, denen ich half. Ich sah die Augen meiner Söhne in den Augen dieser jungen Männer. Ich kümmerte mich um sie und pflegte sie, wenn sie krank waren, so wie es eine Mutter tun würde. Und ich fügte sie in den Gebeten zu den anderen auf meiner Liste. Diese Gewohnheit auf den Scoglio zur Meditation und zum Gebet zu gehen und dann mit den Bedürftigen zu arbeiten, ermutigte mich und gab mir langsam aber sicher die Kraft in den nächsten Tag zu gehen.

Eines Tages als ich in Gedanken und im Gebet versunken war, kam mir die Eingebung Gottes, eine Nonne zu sein. Als sich diese Vorstellung mehr und mehr in meinen Geist setzte, wurde mir klar, dass ich Nonne sein wollte, genauso wie ich es schon in frühen Jahren gewünscht hatte, als ich noch ein Mädchen im zarten Alter von zwölf Jahren war. Indem ich mehr Zeit in Gebeten Gott befragte, was sein Wille für mich war, erhielt ich die klare göttliche Botschaft, dass ich eine Nonne werden musste, die sich sowohl ihm als auch der Barmherzigkeit und dem Dienst an anderen widmete.

Augenblicklich begann ich mich wieder an die Zeiten zu erinnern, als ich im Klostergarten des Klosters von Maria Magdalene in Cascia mit den Nonnen, die dem Orden der Augustinerinnen angehörten, Pflanzen gesetzt und mich um den Garten gekümmert hatte. Als ich noch jung war, hatte ich sie oft besucht, als ich jedoch verheiratet war und meine Söhne hatte, wurden meine Besuche zum Kloster immer spärlicher. Nichtsdestotrotz waren die Nonnen außerordentlich freundlich und trösteten mich als mein Ehemann und meine Söhne starben. Auf mich alleine gestellt ohne eigene Familie begann ich wieder mehr Kontakt zu ihnen zu pflegen... und ich sah die Nonnen in all ihrer Freundlichkeit als meine neue Familie an.

Ich liebte die Vorstellung ein ruhiges Leben in größerer Abgeschiedenheit vom Rest der Welt zu leben, ein Leben mit Gebeten, Nachdenken, Meditieren und Dienen. Das Verlangen mein Leben ganz Gott zu widmen ergriff mich erneut und wurde mein größter Wunsch. Nachdem ich in letzter Zeit wieder so eine enge Freundschaft mit den Nonnen geschlossen hatte, nahm ich an, sie wären erfreut mich als eine von ihnen aufzunehmen. Also entschloss ich mich, mich mit ihnen zu treffen, um sie um Erlaubnis zu bitten mich ihnen anschließen zu dürfen.

Als ich mich auf den Weg zum Kloster von Maria Magdalene machte, um mit ihnen zu sprechen, empfingen sie mich wie immer mit Liebe und Wärme. Sie erkundigten sich mit Einfühlungsvermögen, wie es mir erginge mit der Bewältigung der Trauer. Sie waren erfreut zu hören, dass ich viel Sozialarbeit mit bedürftigen Besuchern in Roccaporena machte und wie glücklich ich mit dieser Arbeit war.

Ich begann dann mit den Nonnen über den eigentlichen Grund meines Besuches zu sprechen, ich erzählte ihnen, dass ich schon immer Teil ihrer religiösen Familie sein wollte und hier war, um sie zu bitten, meinen Eintritt als Augustinernonne abzuwägen und zu gewähren. Die Nonnen waren jedoch schockiert und konnten nicht glauben, dass jemand, der 18 Jahre verheiratet gewesen war eine Nonne werden konnte. Keuschheit war eine wesentliche Voraussetzung um Nonne zu werden, erklärten sie entschieden. Ich erfuhr aber auch, dass es einige Nonnen gab, die mich gern hatten und wegen meiner Einstellung in Bezug auf geistigen Gehorsam und des Dienens durchaus der Meinung waren, ich sollte in Erwägung gezogen werden. Die Meinungen gingen auseinander zwischen diejenigen, die meinten wegen meines Glaubens, meines Dienstes und meiner Verfechtung des Friedens würde ich die Aufnahme verdienen und diejenigen, die sagten, aufgrund meiner Heirat und Mutterschaft sei es ausgeschlossen, eine Nonne zu werden. Die letztere Gruppe war zudem besorgt, meine familiäre Verbindung mit den sich rivalisierenden Familien in Roccaporena und Cascia könne sich negativ auswirken.

Obwohl ich Paolos Mördern vergeben hatte und Frieden mit seiner Familie und vielen in der Gemeinschaft geschlossen hatte, hielten einige der Nonnen dieses Argument gegen mich. Das Urteil ihrer Beratungen wurde mir von der Mutter Oberin mitgeteilt: ich durfte dem Orden nicht beitreten.

Es verging einige Zeit. Eines Abends kniete ich bei meinem Bett und bat Gott mir zu helfen eine Nonne zu werden. Ich betete zu Maria Magdalene, die Namensgeberin des Klosters. Ich war versunken in der Vorstellung, dass sie eine Prostituierte war, bevor sie eine enge Vertraute von Jesus Christus wurde und ihm folgte. Sie war mit vielen Männern zusammen gewesen, als eine „Frau der Straße". In meinem Fall war ich nur eine treue und ergebene Frau des Vaters meiner Kinder. Ich nahm das Sakrament der Ehe entgegen und wurde dann eine Witwe. Ich fragte mich, *„Warum sollte dieses Sakrament gegen mich verwendet werden?"*

Wieder und wieder bat ich meinen Schöpfer und seinen Sohn Jesus Christus mir zu helfen bei meinem Wunsch ihnen zu Ehren eine Nonne werden zu können. Und plötzlich überkam mich das wunderbarste aller Gefühle... als ob ich zwei große reinweiße Flügel bekam, ungefähr eineinhalb Meter lang. Dann geschah das Unmögliche! Ich wurde zur Kapelle des Klosters von Maria Magdalene getragen und fand mich wieder vor dem Altar der Kapelle kniend und betend, statt neben meinem Bett!

Ich sah erstaunt um mich! Überall in der Kapelle brannten Kerzen, als ob mich jemand erwartet hätte. Ich drehte mich um und sah drei leuchtende Männer, die in goldenem Licht strahlten und mich anlächelten. Ich habe die Leben der Heiligen studiert, war aber erstaunt die Namen dieser drei Heiligen zu erfahren: Johannes der Täufer, der Heilige Augustinus von Hippo und der Heilige Nicholas von Tolentino. Sie sagten, sie wären gekommen um mich als Nonne im Augustinerorden zu begrüßen! Der Heilige Augustinus von Hippo war der Begründer des Augustinerordens und er sagte, er sei gekommen um mich in ein Leben von Gebet und Abgeschiedenheit zu führen.

Die brennenden Kerzen und das Geflüster weckte die Aufmerksamkeit einer Nonne, die herbeieilte um zu sehen, was hier vor sich ging. Sie sah mich am Altar stehen und mit den drei Männern sprechen, die von gleißend goldenem

Licht umgeben waren, so als ob sie Teil der Sonne wären. Die Nonne lief davon um die Mutter Oberin zu wecken. Dabei weckte sie auch andere Nonnen, die zusammen mit der Mutter Oberin zurück in die Kapelle eilten. Als sie jedoch eintrafen, waren die drei Heiligen verschwunden. Nur mehr ich alleine stand in der Kapelle, mit einem so tief empfunden Lächeln der Dankbarkeit, dass ich glaubte, mein Herz würde gleich zerspringen.

Die Mutter Oberin fragte mich, wie ich ohne Schlüssel in das Kloster und in die Kapelle gelangt sei. Das Eisentor des Klosters hatte einen riesigen Schlüssel von der Größe einer großen Faust und die Tür war verschlossen. Dieses Wunder, oder auch ein „unmögliches Ereignis" genannt, überzeugte die Mutter Oberin und die Nonnen vom Kloster Maria Magdalena mich als eine der ihren zu akzeptieren. Durch diese göttliche Intervention hatte mich Gott auf die außergewöhnlichste Art und Weise gesegnet!

Es war kein Zufall, dass ausgerechnet diese drei Heiligen meine Gebete erhörten und meinen Ruf als Nonne ermöglichten, weil diese drei von den Menschen in Cascia verehrt wurden. Johannes der Täufer, ein Cousin von Jesus Christus, wurde weithin in der Gegend von Cascia verehrt. Viele Jahrzehnte später machte die kleine Kirche, die im Gedenken an ihn errichtet wurde Platz für eine viel größere, die nach dem Heiligen Augustinus benannt wurde. Es war Johannes der Täufer, jener großer Prophet, der eine Brücke schlug vom Alten zum Neuen Testament, indem er die bevorstehende Ankunft des Messias verkündete. Er war es, der von der Reinigung der Seele durch die Taufe mit geheiligtem Wasser sprach. Und es war Johannes der Täufer, der sich selber als Wegbereiter für das nahe Kommen von Jesus des Messias sah.... eines Boten des Licht. Von diesem Heiligen lernte ich die Bedeutung, Gottes Willen zu folgen und die Wahrheit zu verkünden von der bedingungslosen Liebe und der Vergebung, die uns Jesus Christus gelehrt hat. Durch ihn habe ich gelernt Christus zu folgen, als meinem Retter und Lehrer.

Mein zweiter Schutzheiliger, der Heilige Augustinus von Hippo, war der geistige Vater jener Mönche, die die Kirche auf dem Hügel von Cascia im 13. Jahrhundert gebaut hatten. Er führte ein überschwängliches Leben in Reichtum, Ruhm, Vergnügungen und Ambitionen, bis er im Alter von 32 zum Katholizismus konvertierte. Seine fromme Mutter, die spätere Santa Monika, betete inständig für seine Wandlung, bis ihre Gebete endlich von Gott erhört wurden. Der Heilige Augustinus war ein sehr brillanter und talentierter Mann mit herausragenden Eigenschaften als Lehrer und öffentlicher Redner. Er stieg schnell innerhalb der Kirche auf, bis er Bischof von Hippo in Nordafrika wurde. Augustinus schrieb das „Gesetz" für diejenigen, die seinem Beispiel als ein Kind Gottes folgen wollten, von der Liebe Gottes und seiner Gnade absolut überzeugt. Er persönlich gründete in Nordafrika drei Mönchsgemeinschaften, und die Mönche und Nonnen übernahmen auch sein Gesetz für Staaten, die in Nordafrika und im Römischen Reich gegründet wurden. Durch den Heiligen Augustinus habe ich gelernt, dass Gott auch in den dunkelsten, qualvollsten Erfahrungen unseres Lebens immer bei uns ist. Und, wenn wir uns, unabhängig von „äußeren" Umständen, entschließen seinem Willen zu folgen, wird er uns auf den sicheren Pfad des Friedens führen.

Mein dritter Schirmherr, Nicholas von Tolentino, war noch kein Heiliger, als ich ihn kennenlernte, aber er wurde während meines Lebens zu einem. Er wurde 141 Jahre nach seinem Tod heiliggesprochen und wurde das erste Mitglied im Orden der Augustiner. Nicholas wurde in der Stadt Castel Sant´Angelo geboren, in jener Region, die als das Marchland von Italien bekannt ist. Seine Geburt war meiner ähnlich, in dem seine Eltern viele Jahre unfruchtbar geblieben waren und um ein Kind zu dem Heiligen Nicholas von Bari gebetet hatten. Treu den Gebeten und nach ihrer Pilgerreise nach Bari, nannten sie ihren Sohn nach ihm Nicholas. Als Knabe war er sehr beeindruckt von einem örtlichen Mönch, der im Augustinerorden predigte, und beschloss sich zu einem Augustinerpriester weihen zu lassen. Nicholas verbrachte die meiste Zeit seines Lebens in Tolentino, kümmerte sich um die Armen und Kranken mit seinem warmherzigen und mitfühlenden Charakter. Ich liebte immer die Legende als er einmal im Traum von einem Mönch besucht wurde, der ihn bat, für ihn und seine Begleiter, die im Fegefeuer litten, Messen lesen zu lassen. Er bot ihnen dann für 7 Tage Messen an. In der siebenten Messe wurde er abermals von dem Mönch besucht. Dabei dankte ihm dieser für seinen Eintritt in den Himmel und den ewigen Frieden, für sich und für viele andere. Ich sah zu ihm auf als Freund im Gebet, aber auch als mein geistiges Vorbild den Kranken und Armen zu helfen, besonders nach dem Tod von Paolo und meinen Kindern.

Nicht einmal ein Jahr später wurde ich offiziell aufgenommen in die Gemeinschaft der Augustinernonnen des Klosters von Maria Magdalena. Als ich diese Nachricht erhielt, gab ich all meine weltlichen Besitztümer an die Armen von Roccaporena und Cascia und hatte augenblicklich ein tiefes Gefühl von Freiheit und Frieden, wie ich es nie zuvor gekannt hatte.

Im Kloster wurde mein Name eingetragen als Margarita Mancini Fernando. Am ersten Tag erhielt ich eine schwarze Ordenskleidung und lebte 40 Jahre lang ein zurückgezogenes Leben mit Gebeten, Gehorsam, Buße, Wohltätigkeit und im Dienst an der Gemeinschaft. Dieses Leben ermöglichte es mir, gemeinsam mit meinen Schwestern in Cascia, die Kranken und Armen zu verköstigen, was mir tiefe Befriedigung verschaffte, weil ich wusste, ich handelte nach Gottes Willen und Gnaden. Mein Leben mit täglichen Gebeten und dem vorgeschriebenen Tagesablauf im Augustinerorden erfüllte mich mit stiller Freude und Zufriedenheit. Ich wusste, dass meine Seele nun am richtigen Platz angekommen war.

Unser Vater im Himmel ermöglicht Wunder hier auf Erden jeden Tag. Er beantwortet Gebete, heilt die Kranken, und gewährt finanzielle Hilfe denen, die mit einem offenen, dankbaren Herzen darum bitten. Meine Lieben, unser Vater im Himmel hat eine Heerschar von Helfern an seiner Seite in Form von Heiligen und Engeln. Wendet euch an uns, wenn ihr Hilfe benötigt in Angelegenheiten, die unmöglich erscheinen. Ihr werdet überrascht sein von den Wundern, die mit der Kraft des Glaubens geschehen können.

FRIEDEN FINDEN ALS NONNE

Ich lebte vierzig Jahre als Nonne im Augustinerorden. Mein Leben in dieser Zeit war sehr einfach und ziemlich gewöhnlich, geprägt von der täglichen Routine aus Gebeten, Stilleübungen, Arbeit und Wohltätigkeit. Innerlich war ich jedoch erfüllt vom Glauben an Gott und einen unerschütterlichen Frieden. Als die Jahre dahingingen, verstand und verinnerlichte ich immer mehr die Worte des Apostel Paulus: „der Friede, der alles Verstehen übersteigt".

Das sanfte Gesetz des Heiligen Augustinus, das uns leitete, lud uns Nonnen ein, das Leben als Geschenk unseres Vaters zu verstehen, während wir weiterhin tiefere Vertrautheit mit ihm suchten. Ich befolgte diesen Weg, indem ich ein Leben in Verbindung mit Christus lebte, durch Gebete und Taten. Der Hl. Augustinus schrieb das Gesetz im fünften Jahrhundert, welches geistiges Verhalten für seine Mönche vorschrieb. Später wurde es auch von den geistigen Gemeinschaften der Frauen übernommen. Zwei Gebote, die von Jesus Christus gepredigt wurden, liebe Gott und liebe deinen Nächsten wurden als die Hauptgebote angesehen, die ich in meinem klösterlichen Leben befolgte.

Tägliche Gebete, Nachdenken oder Meditieren waren die Felsen, auf denen meine tägliche Routine beruhte. Ich betete viele Stunden am Tag, in meinem Zimmer, in der Kapelle und während der täglichen Hausarbeiten.

Es war keine Überraschung, dass ich weiterhin die Arbeit im Garten liebte, Gemüse und Früchte anbaute, auch Blumen pflanzte und goss, besonders Rosen, die mich immer an unsere gesegnete Mutter Maria erinnerten. Ich verbrachte auch Zeit in der Küche, um Essen zuzubereiten für die Armen und Durchreisenden, die Cascia besuchten. Eine weitere Tätigkeit, die ich genoss, war das Nähen und Stricken von Kleidung für die Armen und Bedürftigen von Cascia. Wir Schwestern taten dies oftmals gemeinsam. Es hatte etwas Beruhigendes, diese Arbeit zum Wohle der Gemeinschaft gemeinsam zu tun. Die Tage vergingen in dieser Weise einfach und gewöhnlich und so vergingen auch die Jahre. Ich tat mein Bestes, den Armen von Cascia gegenüber Demut und Großzügigkeit walten zu lassen. Und ich liebte meine Schwestern so inniglich, dass ich fühlte wir sind eine Einheit, eine Gemeinschaft... eins mit dem Schöpfer und in Einheit mit jeder einzelnen von uns.

Unser Glaube wird genährt, nicht nur durch die vorrangige Liebe zu unserem Vater, sondern auch durch die Liebe zu unserem Nächsten, unseren Brüdern und Schwestern in unserer weiteren Gemeinschaft. Wenn wir denjenigen helfen, die unserer Hilfe bedürfen und Liebe, Demut und Großzügigkeit im Geiste praktizieren, handeln wir nach dem Willen unseres Vaters im Himmel.

DAS LEIDEN CHRISTUS TEILEN

Meine tiefe Liebe zu Jesus Christus führte mich schlussendlich zu dem wichtigsten Ereignis in meinem Leben. Aufgrund meiner Verehrung ihm gegenüber verbrachte ich viele Stunden im Gebet mit ihm, auf meinen Knien in meinem Zimmer, in der Kapelle und in der Kirche. Jeden Karfreitag meines Lebens, solang ich mich erinnern kann, betete ich auf meinen Knien mindestens von zwölf Uhr Mittag bis drei Uhr am Nachmittag, den Stunden, die Jesus am Kreuz verbrachte.

Im Jahr 1442, als ich schon eine Augustinernonne in Cascia war, kam jener Karfreitag. Ich verbrachte die besagte Zeit auf meinen Knien in der Kapelle. An diesem Tag besuchte uns ein großer Redner und Prediger mit dem Namen Mönch Giacomo della Marca (er wurde 1726 heiliggesprochen). Er war ein enger Vertrauter und Schüler vom Hl. Bernhardin von Siena, der seine Predigten der Verehrung Jesus Christus widmete. Mönch Giacome war auch dafür bekannt, Ketzer zu bekämpfen, die zu dieser Zeit weitverbreitet waren. An diesem Nachmittag kamen viele von uns Nonnen aus dem Kloster der Hl. Maria Magdalena, zusammen mit einer Menge anderer Menschen, um ihn in der Kirche Santa Maria della Plebe zu hören. Als wir wieder zurück nach Hause kamen, ging ich direkt in die Kapelle um zu beten. Ich kniete vor dem großen Kruzifix in der Kapelle nieder um mich Gott und Jesus Christus zu widmen.

Als ich betete, dankte ich Jesus Christus unter Tränen für das Geschenk, das er uns gemacht hatte, uns zu erlösen und unsere Sünden zu vergeben. Während ich betete, begab ich mich in Gedanken in einen Zustand großer Schmerzen. Ich konnte die Dornenkrone sehen, die man über Jesus´ wunderschönes Gesicht gedrückt hatte und irgendwie konnte ich seinen unbeschreiblichen Schmerz spüren. Diese Vorstellung war so klar und real, es machte mich so unendlich traurig und gleichzeitig so hilflos, denn auch ich fühlte mich verloren in den Schmerzen. Ich begann zu weinen aus tiefster Traurigkeit heraus und ich musste Stunden lang weinen.

Zuletzt bat ich Jesus mir zu helfen, sein schmerzvolles Leiden mit mir zu teilen. Ich wollte einen Teil der ungeheuren Last tragen, die ihm auferlegt worden war. Als ich mich auf Jesus am Kreuz konzentrierte, wurde mein seelischer Schmerz schlimmer und schlimmer und wurde fast unerträglich. Plötzlich fühlte ich einen heftigen, physischen Schmerz, der die Mitte meiner Stirn durchbohrte. (Diese Stelle der Stirn wird von vielen Spiritisten als das „dritte Auge " oder das Tor zur Seele bezeichnet) Ich war wie gelähmt und konnte mich für einige Sekunden nicht bewegen. Dann griff ich nach meiner Stirn um herauszufinden, was geschehen war. Dann realisierte ich, es war ein Dorn, der in meiner Stirn steckte, der diese außergewöhnlichen Schmerzen verursachte. Augenblicklich kniete ich vor dem Altar nieder, überwältigt von Dankbarkeit, Schmerz und Verwunderung.

Christus hatte mich ausgezeichnet. Er hat meine Gebete, sein Leiden zu teilen, erhört und mir einen Teil seiner Stigmata gegeben. Ich hatte keine Worte meine Dankbarkeit und Liebe auszudrücken.

Dieses Stigmata blieb mir für den Rest meines Lebens, und es blieb schmerzhaft für den Rest meines Lebens. Fünfzehn Jahre lang blieb dieses Stigmata auf meiner Stirn. Oftmals verwandelte es sich in eine offene Wunde, und manchmal trat Eiter aus. Meine Schwestern mieden mich dann oft, weil sie sagten, es verbreite einen wirklich unangenehmen Geruch. Wie dem auch sei, obwohl gelegentlich eine schwere Last, war es ein göttliches Geschenk, welches ich mit Liebe und Dankbarkeit annahm. Es war nichts im Vergleich mit dem ganzen Leiden meines Erlösers.

Nichts ist vergleichbar mit dem Leiden Jesus Christus auf Erden. Unsere eigenen Prüfungen auf Erden verblassen im Vergleich mit seinem immensen Leiden. Wenn wir uns daran erinnern, meine Lieben, können wir lernen bescheiden, pflichtbewusst und geduldig zu sein, während wir die Lektionen unseres weltlichen Lebens lernen.

DAS WUNDER DER ROTEN ROSE
UND DER ZWEI FEIGEN

Ich war drei Jahre lang bettlägerig mit unaufhörlichem bellendem Husten und gelegentlich hohem Fieber. Dazu kam, dass ich in meinem ganzen Körper Schmerzen fühlte, besonders in meinem Rücken, obwohl sie manchmal von meinem Rücken zu meinen Hüften und weiter zu meinen Beinen wanderten. Die Schmerzen waren oft unerträglich und ohne die Hilfe meiner Schwestern konnte ich gar nicht gehen.

Eines Tages wurde das Fieber so hoch, dass ich meinte, in die andere Welt hinüberzugleiten. Ich spürte die Arme Gottes, die mich hielten und trösteten und mich wissen ließen, dass das Ende nah war und ich in Sicherheit war. An einem dieser Tage kam mich meine Cousine, Maria Agnelli besuchen, nachdem sie gehört hatte, dass es mir körperlich immer schlechter ging und ich schon dem Tode nahe war. Sie hielt meine Hand während sie an meinem Bett saß und fragte mich, was sie für mich tun könne, damit es mir besser ginge. Ich sehnte mich danach, den alten Garten meiner Eltern in Roccaporena noch einmal zu sehen. Also bat ich sie nach Roccaporena zu gehen und mir eine Rose aus dem Garten meiner Eltern zu bringen. Maria erinnerte mich daran, dass es Jänner war und man unmöglich in dem tiefen Schnee eine Rose finden könne. Aber ich bat sie inständig statt meiner noch einmal nach Roccaporena zu gehen, um es zumindest zu versuchen.

Einige Tage vergingen, bis Maria wiederkam. Sie war nach Roccaporena gegangen und war schockiert, als sie im alten Garten meiner Eltern eine perfekte rote Rose wachsen sah. Sie pflückte die Rose und brachte sie zurück zu mir. Mein Herz war erleichtert als ich die wundervolle („wunder - volle") rote Rose sah. Ich atmete ihren herrlichen Duft ein und sah es als Zeichen, dass die gesegnete Jungfrau Maria bei mir war... dass auch sie mich bald im Königreich unseres Vaters in Empfang nehmen würde. Ich war von Liebe umgeben.

Ein paar Wochen später kam meine Cousine erneut ins Kloster, weil ich nun schon im Sterben lag. Ich bat sie, mir doch bitte zwei Feigen zu bringen von dem Feigenbaum vor meinem Haus in Roccaporena, wo ich mit meinem Mann und meinen Söhnen gelebt hatte. Meine Cousine beeilte sich mir die Feigen zu bringen, sie hatte keine Zweifel, dass welche am Baum hingen, nachdem sie das Wunder mit der Rose erlebt hatte. Als Maria im Garten ankam, sah sie zwei köstliche, reife Feigen auf dem gefrorenen Feigenbaum wachsen. Als sie mit ihnen zurückkam, wusste ich in meinem Herzen, dass diese beiden Feigen meine beiden Söhne symbolisierten, die mich willkommen heißen werden, wenn ich von dieser Welt in die nächste überwechseln würde. Diese beiden Symbole - die der Rose der Liebe und die Feigen des neuen Lebens - trösteten meine Seele. Da wusste ich tief in meinem Inneren, dass ich schon sehr bald meinen geliebten Christus und den Vater im Himmel sehen werde.

Ich fühlte mich umgeben von unterschiedlichen Schattierungen aus rot, angefangen von rosa und hellrot bis zu tiefem dunklen rot. All die Farben der Liebe umfingen mein Herz, bis ich nur mehr reine, göttliche Liebe empfand. Das Ende war nahe und ich fürchtete weder den Tod noch kämpfte ich gegen ihn an. Ich konnte alle meine Schwestern des Klosters um mich herum spüren, wie sie sich um mich herum gedrängt hatten, leise betend und Gebete flüsternd... es fühlte sich an, als wäre ich in eine warme beschützende Decke eingehüllt. Ich ergab mich dem Tod und überließ mich der Liebe von Gott dem Vater, von Jesus Christus und der gesegneten Mutter Maria. Ich begrüßte die göttliche Liebe und Führung und fand den perfekten Frieden, als ich 1457 in die Arme Gottes glitt.

Im Moment meines Dahinscheidens konnte ich fühlen wie ich in reines Licht und Wärme getragen wurde. Und ich konnte solche Seligkeit, solch absolute Glückseligkeit und Frieden fühlen. Plötzlich begannen die Glocken des Klosters zu läuten *ohne menschliches Zutun.* Meine Seele fühlte so viel Demut, als ich sah, wie die Menschen von Cascia als Reaktion auf das Läuten der Glocken zu den Toren des Klosters strömten, um für meine Seele zu beten und mein Leben hier auf Erden zu preisen. Ich wusste, das alles geschah durch Gottes unendliche Gnade und Barmherzigkeit.

Obwohl ich nichts darüber sagen will, was ich nach meinem Übergang erfahren habe, will ich euch dennoch verraten, dass ich die Freude hatte, auch weiterhin Gottes Arbeit, von der geistigen Welt aus, fortführen zu können, um Hoffnung, Liebe und Frieden auf Erden zu bringen. Ich war überrascht zu erfahren, dass es viele Gespräche über mich, mein Leben und meine posthumen Erscheinungen gab. Solche Diskussionen fanden im Vatikan in Rom über einen langen Zeitraum statt. Im Jahre 1628 wurde ich von Papst Urban VII seliggesprochen. Zweihundertzweiundsiebzig Jahre später, am 22. Mai des Jubiläumsjahres 1900 wurde ich von Papst Leo XII zur

„Heiligen Rita" heiliggesprochen. Mein „Gedenktag" - oder der Tag an dem meines Lebens in der Katholischen Kirche gedacht wird - ist nun offiziell bis heute der 22. Mai.

Meine Lieben, erinnert euch immer daran, dass wir geistige Wesen sind, die körperliche Erfahrungen hier auf Erden machen, um zu lernen und unsere Prüfungen und Sorgen zu meistern. Wir erledigen unsere Arbeit sowohl hier auf der Erde als auch danach. Wenn du dich von dieser Arbeit überfordert fühlst, wende dich an mich, damit ich mich für dich einsetze bei Jesus Christus und unserem Heiligen Vater. Deine Last wird leichter und sich sogar auflösen durch deinen Glauben.

POSTHUME HEILUNG EINES ZIMMERMANNS

Nach meinem Tod wuschen mich meine geliebten Schwestern des Klosters und legten mich in einen einfachen, hölzernen Sarg, wie es zu dieser Zeit üblich war. Einer der Bewohner von Cascia, der mir seine Ehrerbietung bekunden wollte, war ein Zimmermann namens Cicco Barbaro. Er konnte jedoch nicht mehr arbeiten, da er nach einem schweren Schlaganfall gelähmt war. Er betete sanft an meinem Sarg und sagte demutsvoll: „Wenn es mir nur gut ginge, Schwester Rita, ich hätte dir eine wertvollere Ruhestätte als diese gebaut."

Meine Seele setzte sich sofort für diesen bescheidenen Mann beim Vater im Himmel ein, indem ich darum bat, ihn komplett zu heilen. Und in der Tat war dieser Mann nach kurzer Zeit völlig geheilt! Das war mein erstes posthumes Wunder. Cicco Barbaro gewann neue Kräfte in seinen Armen und Händen.... und aus Dankbarkeit machte er mir den schönsten Sarg, den er überaus reichlich verzierte. In diesem Sarg durfte ich dann viele Jahre liegen.

Da immer mehr Menschen kamen, um sich von mir zu verabschieden und um Fürsprachen zu bitten, wurde mein Begräbnis immer wieder aufgeschoben. So weit, dass es im Grunde nie dazu kam! Erstaunlicherweise durchmachte mein Körper nicht den gewöhnlichen Verfall der Verwesung. Er ist immer noch bis zum heutigen Tage erhalten, obwohl er nun in einem gläsernen Sarg in der Basilika von Cascia aufbewahrt ist. Viele Menschen sagen, mein Körper sei „völlig unbeschadet" und oftmals entströmt ihm der Duft von Rosen. Jedenfalls existiert der Sarg von Cicco Barbaro immer noch, er ist im Kloster der Heiligen Maria Magdalena aufbewahrt, das sich direkt neben der Basilika befindet. Es sollte erwähnt werden, dass das Kloster seine Pforten für die Öffentlichkeit geschlossen hat.

POSTHUME ERSCHEINUNG BEI JOAO DE DEUS

An einem Zeitpunkt wurde mir von Gott, dem höchsten Heiligen gesagt, ich solle einem jungen Mann namens Joao Teixeira de Faria erscheinen, der bescheiden in Campo Grande, im Staate Mato Grosso in Südbrasilien lebte. Die Absicht war, ihn zu ermutigen und seinen Geist aufzurichten um ihm zu sagen, dass er auserwählt wurde zu einer großen spirituellen Arbeit und zur Heilung, einer Arbeit die auf der ganzen Welt gesehen werden würde und die einen Großteil seines Lebens in Anspruch nehmen würde. Viele Wunder würden dadurch geschehen, indem er seinen Körper Wesenheiten aus einer höheren Ebene zur Verfügung stellen würde, um auf diese Weise andere zu heilen. Der junge Joao war gerade eben sechzehn Jahre alt als ich ihm im Jahre 1957 erschien. Er war so niedergeschlagen, hungrig, einsam und traurig, weil er keine Arbeit fand trotz seines intensiven Bemühens. Seine Suche nach einer Anstellung hatte ihn weit weg von daheim geführt. Er hatte sich gerade unter einer Brücke an einem Fluss ausgerastet, als ich mich zu ihm gesellte, um ihm zu sagen, dass ihn Gott auserwählt hatte ein Leben im Dienste einer spirituellen Arbeit an der Welt zu führen.

Meine Botschaft war dazu bestimmt ihn vorzubereiten und dem jungen Joao jede Furcht zu nehmen, die ihn möglicherweise überkommen hätte, wenn er von höheren Wesenheiten inkorporiert würde. Ich führte ihn in verschiedene Aspekte der geistigen Welt ein, während ich einen Nachmittag mit ihm verbrachte. Und dann gab ich ihm genaue Anweisungen zu einem spiritistischen Zentrum namens Christ der Erlöser zu gehen. Als Joao dort wie besprochen ankam, fragte ihn der Direktor des Zentrums, ob er Joao Teixeira de Faria sei und Joao antwortete, dass er in der Tat diese Person sei. Sie sagten ihm, dass sie auf ihn gewartet hatten. Er wurde daraufhin ohnmächtig und wurde inkorporiert von König Salomon.

König Salomon, der antike weise König von Israel, Lehrer und Verfasser vom biblischen Buch der Sprüche, vom Buch Prediger und vom Hohelied, wurde zu seiner allerersten Erfahrung. Viele weitere Wesenheiten folgten, darunter viele Heilige, wie Sankt Ignatius von Loyola, Sankt Francis Xavier und der Heilige Franz von Assisi. Alles in allem inkorporieren 37 höhere Wesenheiten durch Joao, um Millionen von Menschen weltweit zu helfen. Vor allem Sankt Ignatius half Joao ein Heilungszentrum zu gründen und einen Ort zu finden, in der kleinen Stadt Abadiania in Brasilien, der Casa de Dom Ignacio. Sowohl er als auch ich leiten seither Joao mit großer Fürsorge. Die geistigen Doktoren, die vor vielen hundert Jahren in Brasilien gelebt hatten, übernehmen einen Großteil der Heilungen, darunter Dr. Augusto de Almeida, Dr. Jose Valdivino, Dr. Oswaldo Cruz, Jose Pincheado und viele andere höhere geistige Wesenheiten. Es ist eine Freude durch das Medium Joao, der nun weltweit bekannt ist als „Joao de Deus", Gottes heilende, liebende Arbeit hier auf Erden zu tun.

Als ich diesen jungen Mann zum ersten Mal sah, brannte mein Herz aus Liebe zu ihm. Sein Gesicht war sanft und schön, mit strahlend blauen Augen und dunklem Haar. Er kam am nächsten Tag zurück zu der Brücke beim Fluss, wo wir uns wieder trafen und ich ihn begleitete bei seiner ersten

Inkorporation durch König Salomon. Ich erschien ihm noch einmal, aber dieses Mal in einem breiten Lichtstrahl. Er lauschte aufmerksam meiner Botschaft, wie jemand, der die Ernsthaftigkeit der Aufgabe verstand und gewillt war, sie anzunehmen. Er antwortete, dass er seine Mission annahm und mit all seinem Herz und seiner Seele ausführen werde. In dieser Weise hat er meinen Auftrag angenommen und meine Seele blieb seither an seiner Seite.

Heutzutage verrichtet Joao Teixeira de Faria seine Arbeit in der Casa de Dom Ignacio, dem „Haus des Heiligen Ignatius von Loyola", wo täglich tausende Besucher geheilt werden. Die Anzahl der Besucher der Casa kann zwischen 2000 und 5000 pro Tag schwanken. Sie kommen aus der ganzen Welt und aus verschiedenen Lebensschichten. Ich besuche die Casa regelmäßig um meinen Schützling zu stärken und zu segnen.

Ich erscheine auch vielen Menschen, die mich anrufen während „des Currents" oder dem liebenden Energiestrom, der sich in den Meditationsräumen der Casa bildet. Oftmals helfe ich die Gemüsesuppe zu segnen, die bis zum letzten Besucher in der Casa serviert wird. Ich erfülle sie mit Liebe, so wie ich es gemacht hatte, als ich noch auf der Erde lebte und die Armen in Cascia und Roccaporena gespeist hatte. Ich helfe all jenen, die sich an mich wenden mit einem offenen, liebenden Herzen und setze mich beim Schöpfer für all jene ein, die in meinem Namen um Hilfe rufen, in der Casa und auf der ganzen Welt.

POSTHUME WUNDER

Ich habe mich tausende Male für das Leben von Erdenbewohnern eingesetzt, die mich um Unterstützung in ihren Gebeten ersucht haben. Kein Mensch oder keine Organisation hat je diese Erscheinungen aufgezeichnet. Als Teil des formellen Prozesses der Katholischen Kirche, meinen Status diesbezüglich zu verbessern, wurde 1626 eine Untersuchung eingeleitet. Zu dieser Zeit wurden 51 Zeugen befragt und 76 wundersame Vorfälle und Heilungen dokumentiert. Was zudem in dieser Zeit festgehalten wurde war mein „nicht verwesender" Körper und der Duft von Rosen, der ihm entströmte und bis zum heutigen Tag andauert.

Mein Vater im Himmel erlaubt mir weiterhin hier auf Erden zu arbeiten, mich einzusetzen bei Gebeten mit Liebe, Trost und Heilung, insbesondere wenn die Situation für das menschliche Herz aussichtslos erscheint. Welch ein reiner Segen ist es doch, das Leben auf der Erde lebenswert zu machen, wenn es unmöglich erscheint! Ich danke dir, mein geliebter Jesus Christus! Danke dir allmächtiger, heiliger und wunderbarer Vater, dass du Wunder ermöglichst, wenn meine Seele darum bittet!

GEBETE UND BITTEN AN DIE HEILIGE RITA

Gebet zum Beendigen von ehelichem Missbrauch

Himmlische Heilige Rita,

Ich flehe dich an, Mutter Rita, mir in dieser schwierigen häuslichen Situation, in der ich mich befinde, zu helfen. Ich bitte dich um das Unmögliche und segne jeden einzelnen von uns, der beteiligt ist, mit Frieden, Harmonie und Sicherheit. Ich bitte dich, dass aller Missbrauch aufgelöst wird. Ich bitte dich, dass aller Zorn, jegliches Suchtverhalten und negative Energie von dieser Situation entfernt wird. Und schlussendlich bitte ich dich um totalen Schutz und Sicherheit für mich und alle meine Lieben, die beteiligt sind.

Im Namen Jesus Christus und der Mutter Maria.

Gebete für den Verlust von Kindern

Himmlische Heilige Rita,

Ich flehe dich an, Mutter Rita, mir zu helfen in meinem herzzerreißenden Verlust oder der Trennung von meinen Kindern. Ich bitte dich um das Unmögliche, mir Trost und Frieden zu schenken. Ich bitte dich, mein Kind/meine Kinder zu segnen und ihn/ sie fest in die liebenden Arme von Gott dem Vater zu legen. Ich bitte, mich von all dem Kummer, der Trauer und dem Schmerz zu befreien. Ich bitte darum, dass das Herz/ die Herzen und die Seele/ die Seelen von meinem Kind/ meinen Kindern für ewig beschützt und gesegnet sein mögen durch den Vater.

Im Namen Jesus Christus und der Mutter Maria.

NOVENE DER KATHOLISCHEN KIRCHE

Eine Novene ist ein italienischer Begriff, der besagt, dass ein tägliches Gebet über den Zeitraum von neun Tagen zu einem bestimmten Heiligen oder einer höheren Wesenheit gesprochen wird. Der erste Tag beginnt üblicherweise an dem Gedenktag des jeweiligen Heiligen, der normalerweise der Todestag ist. Für mich ist das der 22. Mai.

Erster Tag

Heilige Rita, ich bitte dich inständig meinen Fall vor dem Thron der Gnade zu vertreten.

Du bist bekannt als die „Heilige für das Unmögliche". Durch deinen Einsatz hat dir Gott viele und große Gefallen erwiesen für jene, die der dringenden göttlichen Hilfe bedurften.

Ich bitte dich nun für mich das Geschenk des festen Glaubens in die göttliche Güte zu erlangen; damit ich mich immer daran erinnern möge, dass mir Gott ein gütiger und großzügiger Vater ist, dass er immer ein liebendes Interesse an meinem Wohlergehen hat.

Heilige Rita, vorausgesetzt es ist Gottes Wille, erfülle mein Anliegen.

Bete das Vater Unser und das Ave Maria.

Gebet

Oh Gott, in deiner unendlichen Güte, du nimmst die Gebete deiner Dienerin Rita wahr, und gewährst ihrer demütigen Bitte jenes, welches dem menschlichen Weitblick, Vermögen und Bemühen unmöglich ist. In Anerkennung ihrer mitfühlenden Liebe und des unumstößlichen Vertrauens in dein Versprechen, habe Mitleid mit unserem Unglück und hilf uns in unseren Katastrophen, damit der Ungläubige erkenne, du bist die Entschädigung der Gedemütigten, der Schutz der Hilflosen, und die Stärke jener, die auf dich vertrauen, durch Jesus Christus unseren Herrn. Amen.

Zweiter Tag

Heilige Rita, dein Leben hier auf Erden war gezeichnet von vielen Schwierigkeiten und harten Versuchungen. Es hätte ein unmöglich zu ertragendes Leben sein können, aber die Gnade Gottes stand dir bei.

Ich bitte dich nun, für mich das Geschenk der immerwährenden Suche nach Gottes Gnade zu erlangen; damit ich immer seines Versprechens mir zu helfen gewahr bleibe; dass in den schweren Stunden mein Gebet sei: „Herr rette mich."

Bete das Vater Unser und das Ave Maria.

Dritter Tag

Heilige Rita, du warst immer ein Vorbild für deine Mitmenschen in deiner Treue zum Gehorsam. Du gehorchtest deinen Eltern, auch auf Kosten eines persönlichen Opfers; du gehorchtest deinem Ehemann, obwohl er dich schlecht behandelte und misshandelte; als Nonne gehorchtest du deiner Mutter Oberin in jeder Form des religiösen Lebens.

Ich bitte dich nun für mich den Geist des Gehorsams zu erlangen; damit ich heiter jedem Höherstehenden gehorchen möge; und dass ich mich immer erinnern möge an meinen Erretter, Jesus Christus und seinem Geist des Gehorsams bis in den Tod, aus Liebe zu mir.

Heilige Rita, in deinem beständigen Gehorsam, bitte erhöre mein Anliegen.

Bete das Vater Unser und das Ave Maria.

Vierter Tag

Deine Eltern waren bekannt als die „Friedensstifter Gottes". Wo immer es Unstimmigkeiten gab, betraten sie dieses Heim und durch sanfte Worte und Gebete kehrte wieder Frieden ein. Durch sie lerntest du Frieden zu schätzen. Dein ganzes Leben hindurch folgtest du ihrem Beispiel.

Ich bitte dich nun für mich das Geschenk des Friedens zu erlangen - den Frieden eines reinen Gewissens; Frieden des Geistes; Frieden in meinem Heim und mit meinen Mitmenschen. Ich bitte meinen Erretter mir immer den Frieden zu gewähren, den er mir versprochen hat, besonders in Zeiten der Not und des Kummers.

Heilige Rita, in deiner Liebe zum Frieden, erfülle mein Anliegen.

Bete das Vater Unser und das Ave Maria.

Fünfter Tag

Heilige Rita, du warst uns allen ein Vorbild deiner heldenhaften Tugend, all jenen großzügig zu vergeben, die uns verletzt haben. Als dein Ehemann ermordet wurde, hast du dich offen zur vollen Vergebung des Mörders bekannt und stetig für seine Wandlung gebetet.

Ich bitte dich nun für mich den Geist der wahren Vergebung für jene zu erlangen, die mich verletzt haben; damit ich mich immer an das Gebot unseres Herrn erinnern möge: „Bete für deine Feinde, tu Gutes jenen, die dich hassen", damit ich immer gewahr bin seines Versprechens: „Vergebe und es wird dir vergeben."

Heilige Rita, großmütig im Vergeben, erfülle mein Anliegen.

Bete das Vater Unser und das Ave Maria.

Sechster Tag

Heilige Rita, Leiden und Trauer waren zeitlebens deine Begleiter. Geduldig und heiter hast du jede Aufgabe angenommen. Du lerntest das Geheimnis eines glücklichen Lebens: deine Leiden zu vereinen mit jenen unseres Erretters. Das Kruzifix war immer vor deinen Augen - aus ihm bezogst du Stärke und Trost.

Ich bitte dich nun für mich das Geschenk der Geduld im Leiden zu erlangen; damit ich mich immer erinnern möge, dass Gott mir nur so viel Leid in meinem Leben zumutet, als ich auch, mit seiner Gnade, zu tragen imstande bin; dass in meinem Leiden mein Gebet immer sei: „Leiden Christi, stärke mich."

Heilige Rita, in deinem Mitgefühl für den gekreuzigten Jesus, erfülle mein Anliegen.

Bete das Vater Unser und das Ave Maria.

Siebter Tag

Heilige Rita, die Hauptstütze in deinem Leben war Jesus im gesegneten Sakrament. Du hast von deiner Mutter gelernt ihn ehrfurchtsvoll in der Heiligen Kommunion zu empfangen. Im Heiligen Sakrament vereinigst du dich mit unserem Herrn, sodass du in deinem Leben sein Versprechen zeigst: „Jene, die mein Fleisch essen werden in mir sein und ich in ihnen."

Ich bitte dich nun für mich die tiefe Ehrfurcht für unseren Herrn im Heiligen Sakrament zu erlangen; damit ich es verdiene ihn so oft wie möglich zu empfangen; dass ich ihn häufig besuche im Sakrament seiner Liebe; damit ich seine göttliche Gegenwart immer wertschätzen möge.

Heilige Rita, in deiner Liebe für das Heilige Sakrament, erfülle mein Anliegen.

Bete das Vater Unser und das Ave Maria.

Achter Tag

Heilige Rita, von Kindertagen an pflegtest du diesen Geist des Gebets. Du hast nachgedacht über die Bedeutung des Vater Unsers und des Ave Maria; du fülltest deinen Geist mit der Botschaft der Evangelien; du lerntest das Geheimnis des Betens - eine demütige Unterhaltung mit Gott.

Ich bitte dich nun für mich diesen Geist des Gebetes zu erlangen; damit ich immer aus meinem Herzen mit Gott sprechen möge; damit ich mich immer erinnern möge, dass ich in der Gegenwart Gottes lebe.

Heilige Rita, in deinem Geiste des Gebets, erfülle mein Anliegen.

Bete das Vater Unser und das Ave Maria.

Neunter Tag

Heilige Rita, dein ganzes Leben stand im Interesse der Nächstenliebe und Wohltätigkeit; du warst bescheiden und sanft; du warst gütig und mitfühlend; du hast keine Mühen gescheut anderen zu helfen.

Ich bitte dich nun für mich den Geist der Nächstenliebe zu erlangen; damit ich mich immer erinnern möge, dass das die größte Tugend ist; damit ich mich immer bemühen möge, gütig zu sein in Gedanken, Worten und Taten; damit ich in allen Dingen andere lieben möge aus Liebe zu Gott.

Heilige Rita, in deinem Geiste der Nächstenliebe, erfülle mein Anliegen.

Bete das Vater Unser und das Ave Maria.

DEMÜTIGE BITTEN AN DIE HEILIGE RITA

Schutzheilige der Hilfesuchenden, Heilige Rita, deren Bitten an unseren Göttlichen Vater mit Vorzug behandelt werden; die Fürsprecherin der Hoffnungslosen und der unmöglichen, hoffnungslosen Fälle genannt wird - sei großzügig deinen Bittstellern gegenüber und zeige in ihrem Namen deine Macht mit Gott. Sei großzügig nun in deinen Gefälligkeiten, so wie du es in so vielen wundervollen Fällen gewesen bist: zur größeren Herrlichkeit Gottes, zur Verbreitung deiner Hingabe und zum Trost all jener, die an dich glauben. Im Vertrauen auf die Kraft deiner Fürsprache beim Geheiligten Herzen Jesus, bitte ich dich:

Lasst uns beten

Oh Gott, der Du in Deiner Güte, Santa Rita unendliche Gnade verliehen hast, diejenigen zu lieben, die sie verletzt haben; ihr Herz für immer Jesus Christus ergebend und ihre Stirn schmerzlich verwundet hast als Zeichen Deiner Fürsprache und Deiner Gunst, lass auch uns unseren Feinden vergeben, im Gedenken an Jesus, leidend bis in den Tode, dass wir, die demütigen Herzens sind, die versprochene Entschädigung erhalten mögen und all jene, die geduldig das Leid ertragen um Deinetwillen; der lebt und regiert für immer und ewig. Amen.

Ein Gebet des Ehemanns

Oh, glorreiche Santa Rita, in der Heiligkeit deines Lebens, du hast deinen Ehemann dahingehend beeinflusst, dass er die Schroffheit seiner Natur überwand und zu einem fürsorglichen Ehemann und Vater wurde. Bete, dass ich unerschütterlich dem Weg der rechten Vernunft und der Liebe folgen möge. Führe mich nie auf die Wege der Selbstsucht und des Lasters. Hilf mir, damit ich immer ein Beispiel von wahrem spirituellem Leben in Wort und Tat sein möge. Dass ich deshalb immer mehr würdig werde, in meiner eigenen Familie dem Beispiel von Jesus Christus zu folgen, von Liebe, Mitgefühl, Wahrheit, Unterstützung und ewiger Erlösung. Amen.

Ein Gebet der Ehefrau

Oh glorreiche Santa Rita, du erfülltest die ehelichen Pflichten mit liebender Treue in den achtzehn Jahren deines ehelichen Lebens. Bete für mich, dass ich die Kraft finde, niemals dem Bösen zu erlauben, meinen Geist und mein Herz zu unredlichen Handlungen zu verführen. Hilf mir, treu und ergeben zu sein in aufrichtiger Liebe und Geduld zur Pflege meiner Familie. Lass mich in deine Fußspuren treten und Beispiel geben von Liebe und Frieden. Amen.

Für Geduld bei Krankheit

Oh glorreiche Santa Rita, ein Vorbild an Geduld, ich bitte dich durch deine Liebe zum leidenden Erlöser, welcher dir half, Schmerz und Trauer so geduldig zu ertragen, dass auch ich die Gnade erhalten möge meine Krankheit zu akzeptieren, die ich von Gottes Hand erhalten habe und geduldig bleibe bis zum Ende. Ich wünsche mir, indem ich vollkommene Geduld beweise, dass ich Christus in seinem Leiden ähnlich werde und dass mein Leiden für das ewige Leben Belohnung findet. Amen.

Gebet zur Segnung durch Kinder

Oh glorreiche Santa Rita, als du in diese Welt kamst, brachtest du deinen Eltern, die schon so lange um ein Kind gebetet hatten, Freude und Glück. Ich bete nun um den gleichen Gefallen. Schenke mir die Freude der Elternschaft. Ich verspreche das Kind anzunehmen als ein heiliges Pfand von Gottes Händen und alles zu tun um sein ewiges Seelenheil zu fördern. Amen.

Gebet für spirituelle Berufungen

Oh glorreiche Santa Rita, du hörtest Gottes Ruf nach einem religiösen und spirituellen Leben in deiner frühen Jugend und bliebst ihm treu über viele Jahre. Schau hernieder auf die vielen Menschen, die Gott zu einer spirituellen Berufung auserkoren hat. Hilf ihnen Gottes Ruf zu hören und seiner göttlichen Absicht treu zu bleiben. Lass nicht weltliche Interessen und Vergnügungen ihren Geist verdunkeln und die zarten Gefühle ihres Herzens verkümmern, sondern erhalte in ihnen das Wort Gottes lebendig. Amen.

Gebet bei Verlust

Oh glorreiche Santa Rita, du hast die Trauer des Verlustes beim Tod deines Ehemannes und deiner Kinder erlitten. Schau hernieder auf mich in meiner heutigen Trauer beim Verlust eines geliebten Menschen und schenke mir die Gnade wahrer christlicher Ergebenheit und des Trostes. Amen.

Gebet für alle Nöte

Oh glorreiche Santa Rita, die du die Leiden unseres Herrn Jesus Christus geteilt hast, schenke mir die Gnade die Aufgaben dieses Lebens in Ergebenheit zu erdulden und unterstütze mich in allen Nöten. Danke für all deine Liebe und deine Fürsprache. Amen.

Gebet für Schüler und Studenten

Oh ewiger und wundervoller Gott, Quelle allen Lebens und Quelle allen Wissens und aller Weisheit, Erleuchtung und Glaube. Setze einen Funken deiner Weisheit und deines Wissens in mein Herz und erhelle damit die Dunkelheit meiner Unwissenheit.

Die von dir vorgegebenen Worte zeugen von der Beredsamkeit, die du den Zungen deiner Kinder gibst; bitte schenke mir die Macht der Rede, und lege deine Worte in meinen Mund. Ermögliche mir beim Lernen die Leichtigkeit das Gelernte zu behalten und gib mir das Talent der richtigen Interpretation.

Oh meine Unbefleckte Mutter, die Jungfrau und Mutter Maria, Sitz der göttlichen Weisheit und Liebe, und liebe Santa Rita, Heilige für das Unmögliche, schenkt uns Weisheit, Liebe und die Beseitigung der Angst, damit wir Erleuchtung und christliche Perfektion erlangen mögen.

Durch Christus unseren Herrn. Amen.

Gebet für Fahrzeuglenker

Herr, schenke mir feste Hände und wachsame Augen, damit meine Fahrt nicht den Frieden zerstöre oder Leiden über andere bringe. Ich bete, Herr, auch für jene, die mit mir sind. Beschütze sie vor Unheil, vor Feuer und Unfall.

Lehre mich mein Fahrzeug zum Wohle anderer zu lenken. Hilf mir zu verstehen, dass ich die Schönheit der Schöpfung - das Leben selber - nicht opfern darf durch den von mir gewollten Geschwindigkeitsrausch. Lehre mich mit Freude zu reisen, mache die Höflichkeit zu einer Begleiterin auf meinem Weg durchs Leben, achtsam darauf, dass das Leben dein heiliges Geschenk ist. Santa Rita, bitte beschütze uns. Amen.

Gebet für eine schwangere Mutter

Herr, Gott, Schöpfer aller Dinge, gerecht und barmherzig, gut und liebevoll wie kein anderer, du hast den Körper und die Seele der glorreichen Jungfrau Maria durch die Kraft des Heiligen Geistes vorbereitet, um zu einem würdigen Wohnort für deinen Sohn zu sein, erhöre die inbrünstigen Gebete, die ich durch die Fürsprache von Santa Rita mache, der Heiligen für das Unmögliche, dass mein innigster Herzenswunsch in Erfüllung gehe und kein Unheil über das Kind in meinem Bauch komme. Mit deiner mitfühlenden Hand hilf mir während der Geburt, damit mein Baby das Licht der Welt erblicke und aufwachse zu einem gesunden Kind, die Gnade erfahre und eines Tages das ewige Leben genießen möge. Ich bitte dich durch Christus unseren Herrn. Amen.

Gebet für Familien

Oh Gott der Barmherzigkeit und des Friedens, du gabst Santa Rita die Gnade selbst jene zu lieben, die in Hass und Rache leben. So wie du sie so großzügig gesegnet hast, bitte ich dich, unsere Familie zu segnen. Mit der Fürsprache von Santa Rita, dem Beispiel an Geduld und Seelenstärke, segne und beschütze uns von allen selbstsüchtigen Wegen. Stärke uns im Geist der Nächstenliebe und der Vergebung, und gleich deiner Dienerin Santa Rita, mögen wir treue Friedensstifter in unseren Familien sein, in unserer Nachbarschaft und in der Welt. Amen.

LOBGESANG AN DIE HEILIGE RITA

Oh glorreicher Name, unsere einzige Santa Rita

Oh glorreicher Name, süßer Name der Liebe.

Über all die Jahre war dein Name vergessen

Nun erflehen deine Kinder deine Gnade

Oh glorreicher Name, unsere einzige Santa Rita

Oh glorreicher Name, süßer Name der Liebe.

Welch unschätzbare Gaben, welch unendliches Geschenk

Fließt nun von dem endlosen Vorrat

In all unseren Freuden, in all unseren Leiden

Keins unserer Gebete du je überhörst.

LITERATURQUELLEN

Butler, Alban. Leben der Heiligen. TAN Books. 1995.

Cumming, Heather & Leffler, Karen. Joao de Deus. Millionen Menschen haben durch ihn Heilung erfahren. Atria Books. 2007.

Di Gregorio, Michael, OSA. Die Wertvolle Perle: Die Geschichte der Heiligen Rita von Cascia. NY, New York: Alba House. 2002.

Hoever, Hugo. Leben der Heiligen. Katholische Buch Verlagsgesellschaft 1988.

McAree, Francis, S.T.D. und Sheridan Patrick, D.D. Heilige Rita, Heilige für das Unmögliche. Kanada: Katholische Buch Verlagsgesellschaft 1999.

Paoloni, Andrea. Das Leben und die Gebete der Heiligen Rita. Cascia: Das Kloster der Heiligen Rita. 2000.

Paul, Tessa. Die illustrierte Weltenzyklopädie der Heiligen. Lorenz Books. 2009.

Sicardo, Fr. Joseph, O.S.A., ins Englische übersetzt von Murphy, Fr. Dan J., Heilige Rita von Cascia, Heilige für das Unmögliche. North Carolina: TAN Books. 1993.

Sanderson, Ruth. Heilige, Leben und Erleuchtungen. Eerdmans Books für Junge Leser. 2010.